SAMUEL ABADE

REORIENTANDO A LIDERANÇA EM ÁFRICA

SAMUEL ABADE

REORIENTANDO A LIDERANÇA EM ÁFRICA

AMOSTRAGEM DO CURRÍCULO PARA O DESENVOLVIMENTO DA LIDERANÇA SERVIÇAL NA IGREJA METODISTA DO QUÉNIA

ScienciaScripts

Imprint

Any brand names and product names mentioned in this book are subject to trademark, brand or patent protection and are trademarks or registered trademarks of their respective holders. The use of brand names, product names, common names, trade names, product descriptions etc. even without a particular marking in this work is in no way to be construed to mean that such names may be regarded as unrestricted in respect of trademark and brand protection legislation and could thus be used by anyone.

Cover image: www.ingimage.com

This book is a translation from the original published under ISBN 978-3-8443-2081-7.

Publisher:
Sciencia Scripts
is a trademark of
Dodo Books Indian Ocean Ltd. and OmniScriptum S.R.L publishing group

120 High Road, East Finchley, London, N2 9ED, United Kingdom
Str. Armeneasca 28/1, office 1, Chisinau MD-2012, Republic of Moldova, Europe
Printed at: see last page
ISBN: 978-620-2-95028-2

ÍNDICE

Agradecimentos

A publicação deste livro surgiu como resultado de consultas com muitas pessoas. É a estas pessoas que eu gostaria de agradecer pelas suas contribuições, apoio e encorajamento. À Lucy, minha esposa e amiga, obrigado pelo vosso constante apoio e encorajamento. O vosso amor e vontade de me ajudarem a completar este projecto é um tesouro. À minha filha Nida- o testemunho vivo do amor de Deus para comigo - obrigado por me manterem motivada. Inspirou-me a ceder ao serviço de Deus e da humanidade ao longo deste trabalho.

Ao Dr. Stephen Kanyaru M'Ipwi, bispo presidente da Igreja Metodista no Quénia, meu amigo e mentor de longa data - obrigado pelo seu interesse especial em mim e por me desafiar a empreender o projecto. Um agradecimento especial à Igreja Metodista no Quénia e ao seu parceiro de missão - Centro de Partilha através de Cheryl Broetje e Glenn Cross, através de cujo apoio financeiro este projecto se concretizou.

Aos meus instrutores do programa MAL na Universidade PAC, vocês demonstraram-me o poder no espírito de serviço que faz crescer o potencial de Deus nos outros. Obrigado pelos vossos muitos exemplos de liderança serviçal. Uma menção especial é feita a Shelley Kauffeldt, Stan Remple e Kim Gilmer - obrigado pela vossa valiosa amizade, flexibilidade e trabalho exemplar.

Para mencionar também é o Circuito MCK Mtwapa, o Circuito que servi enquanto empreendi este projecto. Sincero agradecimento ao Ministro do Circuito, Rev. William Mwandaza, ao Administrador do Circuito, Sr. Geoffrey Mungori, ao Secretário do Circuito Sr. Lukas Mkalla e ao Sr. Johnson Chigogo pela vossa paciência, compreensão e apoio durante o período deste projecto.

O meu profundo apreço e agradecimento ao meu mentor e conselheiro Dr. KirkKauffeldt pelas inestimáveis sugestões e conselhos oferecidos neste projecto. Sem o seu feedback, flexibilidade e compreensão o projecto não teria sido uma possibilidade. Obrigado por me deixarem aprender convosco. Dr. Julius Gathogo da Universidade Kenyatta: obrigado pela sua assistência técnica e por me encorajar a publicar. Finalmente, agradeço a Deus pelo seu amor, orientação e protecção e dom da vida para mim. É minha oração que este projecto seja utilizado para preparar mais servos para servir o seu povo de acordo com a sua vontade.

Capítulo UmIntrodução
e Antecedentes

Introdução

A liderança é uma questão muito crítica no mundo de hoje. Muitas ideias surgiram que equiparam o sucesso de uma organização à qualidade da sua liderança. Muitas nações têm subido ou descido devido à liderança. Muitas organizações, empresas e firmas subiram ou acabaram por ser criadas por causa da liderança. John Maxwell observa que: "Tudo sobe e desce na liderança" (Maxwell, 1993, p. 6). A sobrevivência, crescimento e vibração da Igreja Metodista no Quénia dependem da sua liderança. Actualmente existe uma necessidade crescente de desenvolvimento da liderança da igreja. A maioria dos nossos líderes não está adequadamente equipada com capacidades de liderança relevantes para esta geração. Isto dificulta a eficácia da igreja no ministério. Este projecto irá responder à questão: Qual a melhor forma de a Igreja Metodista no Quénia desenvolver a sua liderança para um ministério eficaz no século XXI e mais além?

Descrição do projecto

Este projecto procura desenvolver um currículo para o desenvolvimento da liderança na Igreja Metodista no Quénia. O currículo será baseado na filosofia e princípios da liderança serviçal. Este currículo será implementado durante seminários de liderança da igreja, workshops de acampamentos e outros programas de desenvolvimento de liderança a todos os níveis da estrutura da igreja.

Finalidade e Objectivos do Projecto

O objectivo deste projecto é desenvolver um currículo baseado na liderança serviçal para a formação de líderes metodistas de igrejas. Espera-se que este currículo reoriente a liderança desta igreja de cima para baixo, comandando o controlo para um estilo de liderança serviçal baseado no serviço, profundo compromisso espiritual, boas relações interpessoais e influência transformadora, para que os líderes da igreja possam desempenhar eficazmente o seu papel de liderança. O produto deste currículo serão líderes visionários na igreja que não só servirão mas também darão poder àqueles que lideram para que realizem os potenciais que lhes são dados por Deus. Através desses líderes, a igreja será capaz de cumprir a sua vocação divina no século XXI e mais além.

Antecedentes

A Igreja Metodista no Quénia

A Igreja Metodista no Quénia foi fundada pelos Missionários Metodistas Unidos da Grã-Bretanha que começaram o seu trabalho em Ribe, 30 quilómetros a norte de Mombaça, em 1862 (Nthambur,1982, p. 28). Os missionários espalharam o evangelho e estabeleceram várias estações missionárias na costa e mais tarde mudaram-se para o interior e estabeleceram uma estação missionária em Meru em 1913 (Nthamburi, p. 33). Hoje, a igreja espalhou-se por diferentes partes do Quénia, Uganda e Tanzânia. No início das fases, a liderança da igreja metodista no Quénia estava basicamente nas mãos dos missionários fundadores. O seguinte é um comentário de Nthamburi sobre o envolvimento dos pastores e evangelistas africanos na liderança da igreja durante a era missionária: "Foi reconhecido que o progresso da missão dependia principalmente da fidelidade e envolvimento dos evangelistas locais, que foram encorajados a tomar a iniciativa de converter o seu próprio povo. Não lhes foi, contudo, atribuída a responsabilidade total de supervisionar as congregações que fundaram. Os pastores e evangelistas africanos foram utilizados para ajudar o missionário, mas não para o substituir. Todos os poderes administrativos recaíam sobre os missionários que eram responsáveis perante as suas comissões missionárias de origem, daí as grandes decisões terem sido tomadas por oficiais de missão em Londres" (1982, p. 65).

A liderança missionária europeia deixou um grande impacto nesta igreja. O líder da igreja missionária era a pessoa mais capaz e conhecedora da igreja. A sua influência sobre os cristãos africanos poderia ser comparada à do colonialista sobre o resto da sociedade queniana. De facto, em algumas regiões como Meru, os pastores eram frequentemente chamados *Bwana* (uma palavra kiswahili que significa Senhor). Este título (Bwana) é frequentemente utilizado no Quénia para se dirigir aos que têm autoridade. Isto provavelmente ilustra a forma como as pessoas encaram os que têm autoridade.

Durante as décadas de 1950 e 1960, a sociedade queniana viveu um período de grande luta contra o domínio branco e o domínio autoritário do governo colonial. Este período viu missionários entregarem a liderança das igrejas locais aos quenianos indígenas. Este movimento precedeu a concessão da independência política ao Quénia pelos britânicos; por conseguinte, foi mais inspirado pela necessidade da Igreja de ser indígena.

Algumas igrejas missionárias só concederam autonomia local após a independência (Nthamburi 1982, p. 69). É neste contexto que a Igreja Metodista recebeu autonomia da Conferência Metodista Britânica em 1967, quatro anos após a independência do Quénia. O Rev. Ronald Mngongo' foi o primeiro Bispo Presidente da Igreja Metodista no Quénia, com o Rev. Lawi Imathiu como seu

Secretário (Nthamburi1995, p. 25). A partir deste momento, a liderança desta igreja mudou de mãos para os indígenas, mas o estilo de liderança não mudou muito. A liderança nessa altura, e actualmente era caracterizada por posição, autoridade, de cima para baixo, e controlo de comando, reminiscente para o do missionário anterior. Há poucas dúvidas de que a liderança missionária tradicional afectou a compreensão da liderança por parte do povo de tal forma que 41 anos após a autonomia da igreja os líderes da igreja ainda pensam em si próprios e são vistos pelo povo como "senhores". É minha convicção que o estilo tradicional de liderança não é apenas irrelevante para a actual geração de cristãos, mas também contraproducente, pelo que a necessidade de reorientar para uma liderança mais actual e eficaz de um só servo.

Liderança Servant

A liderança servidora é um movimento recente a ganhar destaque nos estudos e investigação sobre liderança. Concentra a liderança em servir e não em ser servido. Precisamente um líder servo é um líder que serve aqueles que o rodeiam. O acto de servir inclui aspectos tais como satisfazer as necessidades das pessoas/empregados, ajudar outros a crescer e desenvolver o seu potencial dado por Deus e dar poder a outros para alcançar objectivos pessoais ou organizacionais (Enns 2007, p.3).

A liderança servidora como a conhecemos hoje em dia não é uma teoria rebuscada. Está no mundo cristão desde o tempo do ministério de Jesus na terra. Em Mateus 20:25-27, Jesus ensinou isto aos seus discípulos sobre liderança através do serviço. Ele desencorajou seguir o exemplo da liderança contemporânea no mundo caracterizada pela preocupação com o estatuto, domínio e controlo (Mensah1990, p.10). Este estilo de liderança, não tem sido bem recebido por muitas organizações, incluindo igrejas. No entanto, a liderança serviçal está actualmente a ganhar popularidade como a forma mais eficaz de liderança nos negócios. O sucesso de organizações como a Westjet e a Southwest Airlines, que são lideradas por líderes serviçais, estimula a aceitabilidade deste movimento no mundo empresarial (Enns2007, p.2). Além da referida história de sucesso no mundo empresarial, a liderança serviçal está constantemente a ganhar raízes noutras organizações tais como instituições educacionais, departamentos governamentais e igrejas (p.3). As pessoas estão a começar a reconhecer a influência da liderança serviçal. O foco está a mudar do estilo tradicional de liderança, de uma posição de poder para uma posição de liderança através de uma posição de humildade. É a partir desta perspectiva que os líderes das Igrejas Metodistas precisam de estar preparados para responder a este novo foco na liderança.

Contexto social

A igreja metodista no Quénia opera num contexto caracterizado por deficiência de liderança. O

Quénia, tal como a maioria dos outros países africanos, sofre de pobreza de liderança que remonta à época colonial. O domínio colonial que se caracterizava por uma cunha flagrante de poder sobre as pessoas, exploração para ganhos egoístas e desrespeito pelo bem-estar geral da população constitui o pano de fundo desta pobreza de liderança (Ndungu1999, pp. 23-30). Ndungu salienta que esta situação deixou as pessoas sem esperança de desenvolver uma sociedade democrática. A única saída era lutar pela libertação (p.24).

Quando o Quénia alcançou a independência, os líderes pós-independentes perpetuaram a liderança que copiaram dos colonialistas. Para eles, era um tempo de autodeterminação, de auto-referenciamento e de posse de poder. Com o tempo, devido à natureza multi-étnica do povo queniano, a liderança mudou para significar possuir poder sobre e posições para se enriquecerem a si próprios e aos das suas tribos que não estavam em posições de liderança. Como resultado, os líderes usaram o poder e as posições para se enriquecerem a si próprios e aos das suas tribos com a exclusão dos outros. O argumento principal foi que "era a sua vez de comer", muito parecido com o que é hoje.

Este projecto foi levado a cabo numa altura em que a pobreza de liderança no Quénia atingiu o seu clímax e se encontra vergonhosamente nua por escárnio mundial. Os disputados resultados eleitorais de 2007 e as suas consequências, que deixaram mais de 1000 mortos e 350.000 deslocados das suas casas, confirmam-no claramente (Okwena2008, p8). A sociedade queniana compreende erroneamente que a liderança significa posição e poder para o auto-enriquecimento. Comentando a situação no Quénia, Kamoche observa que "A situação em desenvolvimento confirma agora ao cidadão comum *mwananchi* que todos estes políticos que estão empenhados na luta pelo poder e posições têm pouco interesse no futuro desta nação. O que vemos hoje no Quénia é uma pobreza de liderança, um navio sem leme no qual o capitão está a dormir em serviço, incapaz de despertar e chamar à ordem companheiros igualmente sonolentos que estão bêbados no poder de uma vida de festa raivosa(13 de Abril,2008,p34).

O facto mais surpreendente é que se diz que os cristãos constituem a maioria da população do Quénia. Se a pobreza de liderança testemunhada no Quénia é algo a passar, então não se pode estar errado ao pensar que os cristãos do Quénia também lutam silenciosamente com o mesmo vício nas suas igrejas. Os cristãos quenianos precisam de avaliar os seus valores espirituais sobre a liderança. É neste contexto que este projecto procura a reorientação da liderança tradicional da posição de poder para a de humildade e de serviço.

Esboço de Papel

O capítulo um deste documento contém as informações de base que conduziram ao projecto. Segue-se o capítulo dois que revê a literatura disponível nas áreas de interesse do projecto. O capítulo seguinte é o terceiro, que ilustra a metodologia utilizada para reunir as informações necessárias. O capítulo quatro apresenta os resultados da investigação. O capítulo cinco discute estes resultados. Finalmente, o capítulo seis traz as observações e recomendações conclusivas.

Capítulo Dois

Teorias de Liderança

Revisão da Literatura Focalizada

Introdução

A liderança é um dos temas mais falados e escritos sobre temas ainda não definidos com precisão. É um tema amplo e complexo. Por conseguinte, é importante considerar o que foi escrito sobre ele, a fim de compreender os seus conceitos e princípios. Qualquer discussão séria sobre liderança deve começar por estabelecer o seu verdadeiro significado e as teorias que a rodeiam. Portanto, esta revisão bibliográfica indicará a literatura actual sobre liderança, os seus princípios e práticas actuais. A revisão centra-se nas seguintes áreas: (1) Liderança, (2) Liderança cristã, (3) Teorias de liderança, (4) Liderança servidora e (5) Desenvolvimento da liderança.

Liderança

Os estudiosos definem a liderança de forma diferente. Parece não haver uma definição única unanimemente acordada. Hughes, Ginnet e Curphy atribuem esta diferença ao ponto focal diverso pelos investigadores. Observam que alguns investigadores de liderança se concentraram na personalidade, traços físicos, ou comportamentos do líder; outros estudaram como aspectos da situação afectam as formas de actuação dos líderes (Hughes, Ginnet e Curphy, 1995, pp. 39-43). Por conseguinte, qualquer definição de liderança depende do foco do investigador. No entanto, isto não deve impedir as tentativas de procurar compreender o que é a liderança. John Maxwell reconhece a diversidade que existe na compreensão da liderança, mas não hesita em articular a sua perspectiva sobre o assunto. Para Maxwell, a liderança é "influência". Ele afirma que "a liderança é influência". "É isso mesmo". Nada mais; nada menos" (1993, p.15). Para legitimar a sua visão, dá o exemplo de pessoas como Hitler, Jim Jones, Jesus de Nazaré, Martin Luther King Jr., Winston Churchill e John F. Kennedy como tendo sido líderes desde que tiveram influência sobre o seu seguidor. Mas ele toma conhecimento da diferença nos sistemas de valores e capacidades de gestão destas pessoas (1993, pp15-16). A influência é um aspecto importante da liderança. No entanto, o sistema de valores que impulsiona a influência deve ser avaliado criticamente (Maxwell 1993, pp. 16-18). Deve-se verificar se a influência do líder se baseia na coerção, intimidação ou motivação e no amor aos seguidores. A influência positiva do lado de um líder seria aquela que surge como resultado da motivação e das acções amorosas que facilitam a vontade do seguidor de seguir.

A influência positiva reconhece a singularidade dos indivíduos e considera como os esforços dos outros poderiam ser voluntariamente alcançados para a realização do objectivo de um grupo. Bass diz que a influência implica uma relação recíproca entre o líder e os seguidores, mas que não é necessariamente caracterizada pelo domínio, controlo ou indução do cumprimento por parte do líder (1995, p.8). Sugere ainda que os líderes devem influenciar os membros do grupo através dos seus próprios exemplos. Afirma que os líderes não são líderes até haver seguidores. E esses seguidores seguem-no porque o líder não só mostra o caminho, mas também percorre o caminho. Sentimentos semelhantes são ecoados por Kouzes e Posner, pois postulam que as pessoas escolhem ser leais quando percebem que o chefe tem a capacidade de servir uma necessidade. As pessoas não se tornam leais apenas porque o patrão assim o exige (1993, p. 9). Este aspecto de propósito mútuo talvez seja a base da definição de liderança de Burn. Ele define liderança como "induzir os seguidores a agirem para determinados objectivos que representam o valor e as motivações - os desejos e necessidades, as aspirações e expectativas tanto do líder como dos seguidores" (1995, p.19-20). Ele argumenta que o género de liderança reside na forma como os líderes vêem e agem por si próprios e nos valores e motivação dos seus seguidores. Por conseguinte, a liderança não é o poder a exercer, onde os seguidores "não são considerados as necessidades e objectivos. Argumenta que a essência da relação líder-seguinte é a interacção de pessoas com diferentes níveis de potencial de poder, incluindo capacidades na busca de um objectivo comum ou, pelo menos, conjunto. "Esta relação líder-seguidor é transacional e transformadora. A base de poder para a relação é o apoio mútuo para um propósito comum" (p.20).

A literatura disponível sobre liderança indica que não existe uma definição única e absoluta de liderança. A definição de liderança depende da perspectiva e da abordagem que se adopta para a analisar. Contudo, o quadro de liderança gira em torno do líder, dos seguidores, dos objectivos e da finalidade de um grupo ou de uma organização. Considerando todos estes aspectos, a definição de liderança de John Maxwell como "influência" é bastante útil. A liderança como influência tem impacto em todos os aspectos da vida. O sucesso das organizações políticas, sociais, económicas e religiosas depende em grande parte da liderança. Uma vez que este projecto se centra numa organização eclesiástica, na próxima secção serão discutidas as revisões de alguma literatura disponível sobre *liderança cristã*.

Liderança Cristã

A liderança cristã é guiada pelos ensinamentos de Deus, tal como revelados na Bíblia, a palavra inerente de Deus. Estes ensinamentos foram praticamente demonstrados pelo Seu filho Jesus Cristo. Os cristãos compreendem a liderança aprendendo com os padrões estabelecidos por Jesus Cristo. Stott diz: "Não devemos assumir que a compreensão cristã e não cristã da liderança é idêntica. Nem devemos adoptar um modelo de gestão secular sem primeiro os sujeitar ao escrutínio crítico cristão"

(1985, p. 24).

Ele explica que Jesus introduziu no mundo um estilo de liderança totalmente novo e expressou a diferença entre o velho e o novo em termos de visão, serviço e disciplina. Ele sustenta que serviço, indústria, perseverança e disciplina são princípios importantes que tornam a liderança cristã. Gangel escolhe a disciplina e constrói sobre ela o seu argumento de liderança cristã. Argumenta que os líderes cristãos recebem disciplina de Cristo, o chefe da igreja, e exercem disciplina com outros, ajudando-os a tornarem-se discípulos (1989, p.25). Acrescenta uma outra ideia de dependência da vontade de Deus como uma característica importante da liderança cristã. Ele diz: "Estabeleça objectivos e lute por eles". Seja um sonhador". Pense grande; mas pense sempre dentro da vontade de Deus. Quando Deus dá luz verde a um determinado projecto, devemos fazê-lo com toda a nossa capacidade e o Seu poder" (p.26).

Esta ideia é partilhada por Blackaby & Blackaby no seu livro intitulado *Liderança Espiritual*. Neste livro, eles dizem que os líderes espirituais dependem do Espírito Santo. "Os líderes espirituais trabalham dentro de um paradoxo, pois Deus chama-os a fazer algo que, de facto, só Deus pode fazer. Em última análise, os líderes espirituais não podem produzir mudanças nas pessoas; só o Espírito pode realizá-las. No entanto, o Espírito usa as pessoas para provocar o crescimento espiritual nos outros" (Bckaby & Blackaby, 2001, p.21). Por conseguinte, os líderes espirituais levam as pessoas à agenda dos Deuses. No entanto, isto não limita a liderança cristã à igreja. A liderança cristã também é relevante para o mercado. Os líderes espirituais podem liderar tanto os que não estão na igreja como os que estão. Reiteram que a liderança cristã não se restringe ao interior das paredes da igreja, mas é igualmente eficaz no mercado.

Oswall Sanders sugere que a liderança cristã soaria revolucionária e indesejável por líderes mundanos que se agradam a si próprios. Ele nota a diferença entre a compreensão do mundo sobre liderança e a de Jesus Cristo em *"Marcos 10,42-43"* que diz: *"Sabeis que aqueles que são considerados como governantes dos gentios, o dominam sobre eles e os seus altos funcionários exercem autoridade sobre eles. Convosco não é assim. Em vez disso, quem quiser tornar-se grande entre vós deve ser vosso servo".* O entendimento revolucionário de Jesus sobre liderança é sublinhado pela sua ênfase no serviço (Sanders 1993, p 39). "Jesus não tinha em mente meros actos de serviço para aqueles que podem ser realizados por motivos muito duvidosos. Ele referia-se ao *espírito de servo* que expressou quando afirmou: "Eu estou entre vós como aquele que serve" (Sanders, 1993, p. 40). Este ponto é ainda ilustrado por Angie Mays no seu livro *Courteous Rebel*, onde diz: "A essência da liderança de Jesus foi a sua atitude de servo. Isto envolveu a sua personalidade, relações, visão, prioridades e a forma como ele motivou os outros. Tudo o que Jesus fez foi feito por uma razão altruísta. Ele amava as pessoas e investia nelas completamente. Jesus satisfez as suas necessidades físicas e proporcionou-lhes uma visão, um propósito e um plano convincentes, bem como a coragem para os realizar" (Mays 2003, p. 3).

Como cristãos, não temos melhor exemplo de liderança cristã do que aquele que encontramos em Jesus Cristo. As capacidades de liderança de Jesus foram exemplares. Laurie Beth Jones, no seu livro "The Path" (O Caminho) salienta que, Jesus deu uma declaração muito clara sobre o que aconteceria às pessoas que trabalhassem com ele e os desafios que as confrontariam (Jones2003,p.86). A relação de Jesus com os seus discípulos também era inquestionável. Mays observa que "Jesus conseguiu motivar o seu séquito não só porque lhes deu esperança e os encorajou e capacitou, mas também porque era interdependente com eles" (Mays 2003,p.87). Os líderes de hoje precisam de aprender com a abordagem de Jesus à liderança. O princípio e os ensinamentos de Jesus sobre liderança são relevantes para todos os tempos.

Com certeza há muita literatura sobre liderança cristã que pode não se esgotar com este projecto. Para além dos princípios cristãos, existem certas teorias que têm tido impacto na liderança ao longo dos séculos. Por conseguinte, a secção seguinte revê a literatura sobre estas teorias de liderança.

Teorias de Liderança

A liderança é tão antiga como a humanidade. Há várias reflexões, ideias e teorias que foram avançadas por diferentes estudiosos e investigadores para explicar os seus conceitos. Os primeiros filósofos como Platão e Aristóteles articularam as suas ideias e pensamentos sobre liderança. Platão, na sua obra *"A República",* excerto por Thomas J. Wren, argumenta que os líderes deviam ser filósofos. Ele pensava que só os educados é que podiam governar com ordem e razão. Para ele, o intelecto e o raciocínio formaram a base da liderança (Wren1995, p. 63).

Por outro lado, o estudante de Platão Aristóteles, na sua obra *"Política",* pensou de forma diferente sobre liderança. Ele pensava que os líderes deveriam ser pessoas com as mais altas virtudes. "Mas como dizemos que a virtude dos cidadãos e governantes é a mesma que a dos homens bons e que o mesmo deve ser primeiro um sujeito e depois um governante, o legislador, tem de ver que eles se tornem homens bons, e por que meios isto pode ser realizado e qual é o fim da vida perfeita" (Wren, 1995, p. 66).

No entanto, Maquiavel, um humanista que viveu (1469-1527) olhou para as virtudes de forma diferente. No seu tratado *"Como a Princesa deve manter a fé",* extraído por Thomas J. Wren,

11

argumenta que os líderes são aqueles que sabem utilizar características humanas e bestiais (Wren1995, p. 67). Ele disse: "Não é essencial, então que um Príncipe tenha todas as boas qualidades - mas ....é mais essencial que pareça tê-las; atrever-me-ei mesmo a afirmar que se ele as tem e pratica todas, elas são dolorosas, enquanto que a aparência de as ter é útil (Wren1995, p. 68). De acordo com este ponto de vista, é bom que um líder pareça misericordioso, fiel, humano, religioso e recto e que também o seja, mas a mente deve permanecer equilibrada de que onde, é necessário não o ser, ele deve ser capaz e saber mudar para o contrário. Que um líder deve manter a sua mente pronta para mudar à medida que o vento e as marés da sorte giram e deve saber seguir cursos maléficos se necessário (ibid.). Nesta perspectiva, não importa muito os meios que um líder utiliza para conseguir manter o seu reino e autoridade. O sucesso do líder é mais importante. Parece que para Maquiavel, os fins justificam os meios.

Os pensamentos sobre liderança não terminaram com a teoria de Maquiavel. Outros, como Thomas Carlyle, pensavam que um líder era um herói, "um grande homem", o homem mais abençoado de todos. Este pensamento é descrito como a *"Teoria do Grande Homem"*. A teoria vê os líderes como grandes pessoas que alteram o curso da história (Wren 1995, pp .53-54). Esta suposição levou à questão: "O que faz um grande e outros não?" As tentativas de responder a esta pergunta levaram à proposição da *teoria do traço*. A teoria do traço gira em torno dos traços de personalidade de um líder. Estes traços incluem: vitalidade física, coragem, confiança, energia, inteligência, iniciativa, conhecimento e discernimento (Gardner1990, pp. 48-53). Kirkpatrick e Lock também partilham em parte desta teoria. Eles reconhecem que "a investigação recente, utilizando uma variedade de métodos, tornou claro que os líderes bem sucedidos não são como as outras pessoas 'seguidoras'". (Kirkpatrick & Lock1995, p.43). Apesar de simpatizarem com a teoria, também a criticaram, argumentando que as características por si só não são suficientes para a liderança. As características devem ser acompanhadas por acções como a formulação de uma visão, a modelação de papéis e a definição de objectivos para que os líderes sejam bem sucedidos. Esta posição sem convicção sobre a teoria dos traços foi consequentemente seguida por uma disputa directa.

Os Chemers argumentaram que os traços por si só não identificam a liderança, semelhante ao argumento de Kirkpatrick e Lock. Por conseguinte, propôs outra teoria descrita como *teoria estilística*. Nesta teoria, ele sugere que existem três estilos de liderança demonstrados pelos líderes que incluem: *autocrático, democrático* e *laissez-faire*. Ele explica que o estilo de liderança autocrático é caracterizado pelo controlo e as decisões são tomadas apenas pelo líder. O estilo democrático encoraja a participação do grupo e o domínio da maioria enquanto na sociedade do laissez-faire, o líder não se envolve em qualquer tipo de actividade. (Chemers 1995, p 84). Ele também menciona outras teorias modernas, tais como: *Teoria da Contingência, Teoria da Decisão Normativa, Teoria dos Objectivos do Caminho e Liderança Transformacional* cujos pormenores também podem ser estudados.

A teoria da contingência enfatiza a importância dos factores situacionais no processo de liderança. Estes factores incluem o trabalho realizado, o ambiente externo e as características do seguidor. A teoria aborda questões como a relação dos estilos de decisão da liderança com o desempenho e a moral do grupo. Lussier e Achua sugerem que o processo de liderança eficaz requer um ajuste entre o comportamento e estilo do líder, a resposta dos seguidores e o trabalho a ser realizado (2007, pp. 138-142). A teoria da contingência também tenta determinar o estilo de liderança no que diz respeito à orientação da tarefa e da relação. Uma análise dos dois sugere que nem a orientação para a tarefa nem para a relação são eficazes por si só. O grau de sucesso depende muito da situação (Lussier & Achua2007, p. 144).

A falta de clareza sobre quando e não seleccionar um estilo de liderança torna a teoria subjectiva. Isto levou ao desenvolvimento da Teoria da Decisão Normativa. Chemers concorda que a Teoria da Decisão Normativa especifica o estilo mais susceptível de produzir decisões eficazes em diferentes situações. Ele identifica três regras utilizadas nesta teoria para tomar decisões eficazes. A primeira regra estabelece que, quando as situações são iguais, as decisões autocráticas são menos demoradas e mais eficazes. A segunda regra sugere que, quando um líder não tem estrutura e informação suficientes para tomar decisões de alta qualidade, deve consultar os seguidores para obter e considerar a sua assistência e aconselhamento. A terceira regra exige que, quando um líder não tem apoio suficiente dos seguidores, deve assegurar o seu empenho e apoio através da sua participação no processo de tomada de decisões (1995, p. 88). Os seguidores observam ainda que a teoria normativa pressupõe que os líderes podem mudar rápida e facilmente o seu comportamento para se adaptarem às exigências da situação. De acordo com a sua análise, tanto a Contingência como a Decisão Normativa, as teorias sugerem que alguns líderes em muitas situações tendem a usar mais estilos directivos, orientados para tarefas e autocráticos, enquanto outros líderes são mais propensos a usar estilos participativos, abertos e relacionais. Em ambos os casos, a situação é o factor primordial (p.89).

Outra teoria relacionada com a Contingência é a *Teoria do Caminho-Goal.* A Teoria do Caminho-Goal é utilizada para seleccionar o estilo de liderança apropriado para maximizar tanto o desempenho como a satisfação no trabalho. De acordo com Chemers, a teoria prevê que o comportamento estruturante dos líderes tem efeitos positivos no estado psicológico dos seguidores quando a tarefa é pouco clara ou difícil. Em tal situação, a estrutura fornecida por um líder ajuda a clarificar o *caminho* para o *objectivo* dos seguidores (p 90). Mesmo com este modelo, os Chimers ainda postulam que as variáveis situacionais são de importância crítica.

A literatura sobre teorias de liderança também menciona a *liderança transformacional.* A liderança transformacional centra-se nas capacidades transformadoras de um líder e não nas características do líder e do seguidor. A liderança transformacional move-se e muda as coisas. Este modelo de liderança envolve a comunicação aos seguidores de uma visão especial do futuro, explorando os ideais e motivos do seguidor. Lussier e Achua descrevem a liderança transformacional como um modelo que procura alterar as estruturas existentes e influenciar as pessoas para novas visões e novas possibilidades. Muda e transforma indivíduos, organizações e comunidades (2007, pp 319322).

De acordo com Burns, a liderança transformacional resulta na transformação de líderes e seguidores. Ele afirma que tal liderança ocorre quando líderes e seguidores se elevam mutuamente a níveis mais elevados de motivação e moralidade. O poder neste modelo baseia-se no apoio mútuo entre o líder e os seguidores para alcançar um objectivo comum (1995, p. 101). Os líderes actuais podem aprender muito com este modelo e aplicá-lo onde for possível para trazer mudanças que melhorem a vida das pessoas nas comunidades. Certamente, existe uma grande riqueza de literatura sobre teorias de liderança que, devido às limitações deste documento, podem não ser totalmente cobertas neste espaço; contudo, a secção seguinte revê literatura sobre a mais recente reflexão sobre liderança, que é o conceito de liderança servidora.

Liderança Servant

Como mencionado anteriormente, a liderança servidora é o desenvolvimento mais recente a ter lugar nos estudos de liderança. Apesar de ser recente, estudiosos e investigadores têm escrito muita literatura sobre o assunto. Uma vez que este projecto se concentra no desenvolvimento da liderança servente na igreja metodista do Quénia, vou rever a literatura disponível sobre este estilo de liderança. Os antecedentes da liderança serviçal podem ser traçados a partir da abordagem de Jesus Cristo à liderança. Bennett sugere que Jesus modelou a liderança serviçal pela forma como mediu a grandeza, como viveu como líder e como serviu aqueles que o rodeavam (1996, p. 19). No entanto, antes de ir mais longe neste estilo, é melhor compreender o que significa liderança serviçal. Greenleaf diz que "a liderança serviçal está a liderar através do serviço aos outros para os ajudar a crescer, tornar-se mais sábio, mais saudável, mais autónomo e, por sua vez, tornar-se capaz de servir" (Greenleaf, 1995, p.18). A liderança servidora apresenta assim um paradoxo em que o líder é o servo. Graham explica ainda que é o líder que serve de modelo ao servir humildemente o chefe em vez de esperar ser servido (1991, p. 111). Afirma ainda que os líderes servidores influenciam os outros a tornarem-se mais sábios, mais livres, e mais propensos a tornarem-se eles próprios servidores (p.113). Hansel associa a liderança serviçal a qualidades tais como compaixão, alegria e competência. Ele argumenta que uma prática contínua destas qualidades faz de um líder um servo. Ele diz: "O objectivo da liderança serviçal é que estamos constantemente a envolver-nos, a desenvolver e a aprofundar constantemente a nossa alegria e competência" (Hansel 1987, p.164). Outras qualidades que ele menciona incluem; disponibilidade, amor, resistência, autoridade e compaixão (p.167).

Para demonstrar a singularidade do estilo de liderança servo, Finzel contrasta-o com a liderança tradicional de cima para baixo que ele descreve como autocrática, dominadora, ditatorial, abusiva e egocêntrica. Ele diz que a liderança serviçal exige que nos sentemos e choremos com aqueles que choram dentro das nossas organizações. Exige que nos sentemos e nos sujemos quando é preciso fazer um trabalho árduo. Não há nada na minha organização que alguém faça que eu próprio não esteja disposto a fazer se isso promover o bem de todos nós" (1994, p. 30). Será isto possível nas organizações empresariais? A resposta é sim! É possível praticar a liderança serviçal em organizações com e sem fins lucrativos. Zohar indica que os empresários ocidentais têm discutido valores empresariais que enfatizam o serviço. Estes valores, no seu melhor, falam de coisas como excelência, realização do potencial de cada um e dar espaço para que outros o façam, realização, produtos e serviços de qualidade e compromisso de crescimento sem fim (1997 p. 152) Zohar observa que a liderança serviçal vai além disto. Ele vê a liderança serviçal como abraçando a plenitude. Os líderes servos têm um sentido de interconectividade com Deus, a vida e todas as suas empresas (Zohar, 1997, p.153).

Portanto, os líderes servidores não vêem a liderança como uma posição de poder, mas sim como uma posição de serviço através da qual se unem com o último e encontram o seu último ser (ibid). Fazendo eco de um pensamento semelhante, McShane & Von Glinow observam que "os líderes servidores não vêem a liderança como uma posição de poder; são antes treinadores, mordomos e facilitadores. A liderança é uma obrigação de compreender as necessidades dos funcionários e de facilitar o seu desempenho no trabalho. Os líderes servidores perguntam "Como posso ajudá-los?" em vez de esperar que os empregados os sirvam"(2000,p. 422) Este estilo de liderança tem sido experimentado e bem sucedido em organizações como a West Jet e Southwest Airlines no Canadá com resultados tremendos (Finlayson 25,March 2001). É devido à sua singularidade e às suas histórias de sucesso que este projecto procura desenvolver a liderança dos funcionários na igreja metodista do Quénia.

Desenvolvimento de Liderança

"É raro que as organizações se elevem acima dos seus líderes. As organizações gigantes não emergem sob a liderança pigmeu; portanto, a chave para o crescimento de uma organização é fazer crescer os seus líderes" (Blackaby & Blackaby, 2001, p.31). Os líderes precisam de se concentrar no futuro e, ao fazê-lo, preparam o líder que assumirá responsabilidades de liderança quando ele/ela partir. Isto leva à questão de como as pessoas se tornam líderes. Será que algumas pessoas nascem para liderar ou será que as capacidades de liderança são aprendidas? Blackaby & Blackaby afirmam que algumas pessoas demonstram uma aptidão precoce para a liderança enquanto outras aprendem as competências e aperfeiçoam-nas à medida que crescem. "Se as igrejas estão preocupadas com futuros líderes, fariam bem em alimentar os seus filhos, pois qualquer estratégia para desenvolver líderes espirituais deve ter em conta os líderes emergentes actualmente em pré-teens"(Blackaby & Blackaby 2001, p. 32). Blackaby & Blackaby concordam com os estudiosos que sustentam que tanto os líderes nascem como os líderes são feitos. Portanto, o desenvolvimento de líderes deve ser um exercício intencional. "Líderes lideram seguidores. Grandes líderes lideram líderes" (, 2001, p. 134).

Emmanuel Ngara no seu livro *Christian Leadership* também sublinha a importância de desenvolver líderes através da formação. Ele argumenta que os líderes não se desenvolvem por acaso. Eles devem estar preparados para assumir as suas responsabilidades na sociedade como líderes. Isto deve ser feito através da formação, que promove a competência, o valor e a formação de carácter (2004, p. 86). Centrando-se no contexto africano, ele sugere que a liderança não deve ser divorciada da formação profissional. Os programas oferecidos nas instituições educativas em África deveriam também abordar a questão do desenvolvimento da liderança (2004, pp. 86-90). É neste contexto que penso que líderes eclesiásticos eficazes deveriam desenvolver líderes emergentes, disponibilizando-lhes oportunidades de formação de liderança.

Os líderes eficazes devem não só procurar potencial nos outros, mas também tomar parte activa na criação de potencial nos outros, acreditando neles. "As pessoas elevar-se-ão para corresponder às suas expectativas" (Willingham1997, p.55). Quando as pessoas conhecerem as suas expectativas e que você acredita nelas, descobrirão o potencial dentro delas.

Bill Hybels no seu livro *Courageous Leadership,* também aponta uma visão significativa sobre o desenvolvimento da liderança. Ele pensa que os líderes estão sempre no seu melhor quando estão a criar outros líderes à sua volta. Ele vê isto como um papel crítico dos líderes. "Apenas os líderes podem multiplicar o impacto da liderança, elevando líderes adicionais (Hybel, 2004, p.132). Ele enfatiza que os líderes devem criar a visão e estratégia para desenvolver outros líderes. Os líderes identificam, influenciam, apuram competências e confiam aos líderes emergentes a responsabilidade

(2004, pp.142-146).

Conclusão

Há uma rica literatura sobre liderança. Esta revisão pode não esgotar tudo o que foi escrito sobre liderança. No entanto, tem coberto os princípios, as suas teorias e estilo. Entre todos os estilos, esta revisão deu especial atenção à liderança de servidores. É o estilo mais actual e o mais relevante para a Igreja Metodista no Quénia. Com base nos factos obtidos nesta revisão, outros estilos como a autocracia, democracia, laissez-faire e outras teorias podem não ser tão empoderadores como a liderança serviçal. O futuro da Igreja Metodista no Quénia reside no desenvolvimento de líderes servidores que efectivamente liderarão e darão poder aos membros desta grande igreja para atingirem os potenciais dados ao seu Deus à medida que cumprem o seu chamamento e propósito cristãos neste século.

Capítulo Três

Metodologia

Introdução

Como ministro da igreja metodista no Quénia, este projecto é um culminar da observação pessoal sobre os estilos de liderança dos nossos líderes e como afecta o nosso ministério à geração actual. Esta preocupação levou-me a realizar uma pesquisa para atestar se existe uma necessidade genuína de reorientar o nosso estilo de liderança e desenvolver líderes presentes e futuros desta igreja sob a filosofia e os princípios da liderança serviçal. Esta sondagem foi realizada entre [1] de Março e [10] de Abril de 2008. Os respondentes da sondagem incluíam ministros (pastores) da Igreja Metodista no Quénia e os leigos que detêm responsabilidades de liderança a nível do circuito.

O inquérito centrou-se nos 105 circuitos da Igreja Metodista no Quénia. De acordo com a estrutura da Igreja Metodista no Quénia, um Circuito refere-se a uma congregação ou grupo de congregações sob a supervisão de um ministro superintendente (pastor) que está encarregado das responsabilidades pastorais e administrativas. Para desempenhar estas funções, o ministro superintendente pode ser assistido por um ministro (um pastor), pregadores leigos e líderes leigos (Igreja Metodista no Quénia1996, pp35-38). Portanto, o circuito é o nível de base onde os nossos clientes alvo são encontrados e o impacto da nossa liderança para o ministério é sentido. Os inquiridos do inquérito incluíram os nossos ministros (pastores) e leigos com responsabilidades de liderança ao nível do circuito.

Desenho

O instrumento para o estudo foi um questionário *estruturado ou fechado* (Mugenda& Mugenda 1999, p. 72). Para o questionário, ver (Apêndice B). Foi concebido para recolher informações sobre como os líderes da Igreja Metodista a nível do Circuito estão preparados para as suas funções de liderança. Também recolheu informação sobre o estilo de liderança na Igreja Metodista no Quénia e se vêem a necessidade de mudar o estilo actual para o *estilo de liderança serviçal*. A pergunta (19) (ver Apêndice B) foi estruturada para chamar a atenção dos inquiridos para um novo estilo de liderança (liderança serviçal). Esta pergunta descrevia as características dos líderes serviçais para que pudessem compará-la com os estilos actuais que lhes são familiares e verificar a sua vontade de receber mais informações sobre o novo estilo.

Por conseguinte, o questionário centrou-se nas seguintes questões: (1) Formação de liderança nos Circuitos da Igreja Metodista nos últimos 3 anos, (2) Estilo de liderança utilizado pelos líderes dos

18

Circuitos da Igreja Metodista, (3) Necessidade de formação de liderança de servidores na Igreja Metodista no Quénia.

Procedimento de Amostragem

Existem **105** Circuitos na Igreja Metodista no Quénia espalhados pelas 8 províncias do Quénia com alguns encontrados nas nossas áreas de missão na Tanzânia e no Uganda. Devido a esta vasta área geográfica coberta e ao tempo e espaço para este projecto, foi adoptada uma *amostragem de agrupamento* para o levantamento. Assim, dos 105 Circuitos, o inquérito considerou um tamanho de amostra de 50 %=(52 Circuitos) para estudo. Para obter estes 52 Circuitos, foi elaborada uma lista de 105 Circuitos e cada um deles foi marcado como inquirido Os respondentes dos 52 Circuitos eram principalmente ministros superintendentes e leigos que participam activamente na liderança do Circuito. Dos **52** Circuitos recolhidos, **37** respondentes, que formam **71%** dos Circuitos estudados, responderam preenchendo os formulários do questionário. Este foi considerado suficientemente representativo para autenticar a informação recolhida.

Revisão Ética

Este projecto considerou a possível ética necessária. Antes da realização do projecto, o investigador solicitou a permissão do chefe executivo (o bispo presidente) da Igreja Metodista no Quénia (ver Apêndice B). Isto destinava-se a assegurar que a autoridade relevante na igreja aprovasse as intenções do investigador. O processo de recolha de dados também aderiu à ética, tanto quanto era praticamente possível. Por exemplo, o investigador apresentou-se às respostas e esclareceu o objectivo da investigação (ver Apêndice C). As informações dadas pelos inquiridos foram também tratadas com grande confidencialidade.

Qualidade científica: Validade e Fiabilidade

Validade

A validade do instrumento foi considerada. O investigador utilizou a *validade da construção* (Mugenda e Mugenda 1999, pp100-101) para medir a validade dos dados obtidos. Os dados obtidos eram consistentes com as expectativas teóricas do investigador. As respostas obtidas do inquirido foram consistentes com as perguntas feitas e as observações.

Fiabilidade

Para assegurar a fiabilidade do estudo, primeiro, o instrumento (questionário) foi construído de forma a que a resposta de uma pergunta fosse avaliada pela pergunta que se seguiu. Isto foi para ajudar a determinar a consistência dos inquiridos. Em segundo lugar, o tamanho da amostra foi reduzido para minimizar erros. No entanto, não foi possível testar mais a validade por comparação, uma vez que nenhum outro estudo semelhante tinha sido realizado recentemente na igreja.

Limitações do estudo

O estudo experimentou as seguintes limitações:

1.	Havia limitações de tempo por parte do investigador

2.	Não foi possível obter que todos os inquiridos devolvessem os seus questionários preenchidos. Isto foi provavelmente devido à vastidão do universo da investigação.

3.	Os inquiridos eram de diferentes níveis de compreensão. Isto poderia possivelmente ter impacto na consistência das suas respostas.

Capítulo
Quatro

Conclusões da
investigação

Introdução

Chegou-se à conclusão deste estudo após uma análise cuidadosa dos dados recolhidos no universo da investigação. Os dados continham informações sobre a formação de liderança na Igreja Metodista no Quénia nos últimos três anos, o estilo de liderança na Igreja Metodista no Quénia e a vontade dos líderes da Igreja Metodista de mudar do seu estilo actual para uma liderança serviçal.

Frequência da formação de liderança em Circuitos MCK entre 2004-2007	Número de inquiridos
Três vezes	3
Duas vezes	4
Uma vez	10
Nenhum	20
Total	**37**

estilo. O resultado do estudo é apresentado nas tabelas abaixo.

Quadro 1: Frequência da Formação de Liderança em Igreja Metodista nos Circuitos do Quénia entre (2004-2007)

Figura1: Gráfico de barras com base nos dados apresentados no Quadro 1

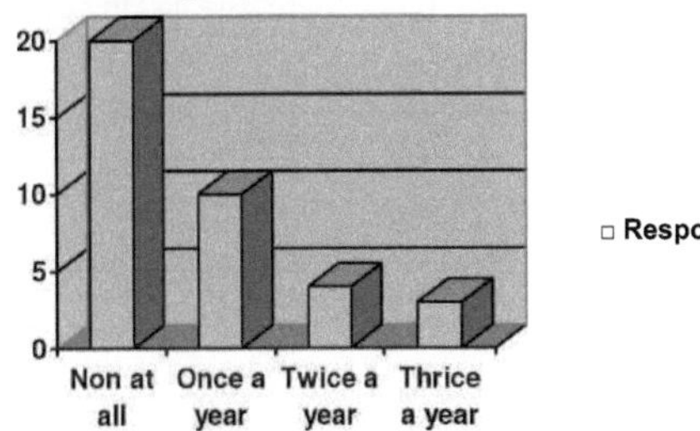

CHAVE:

RESPO - INQUIRIDOS

Figura2: Gráfico de barras com base nos dados

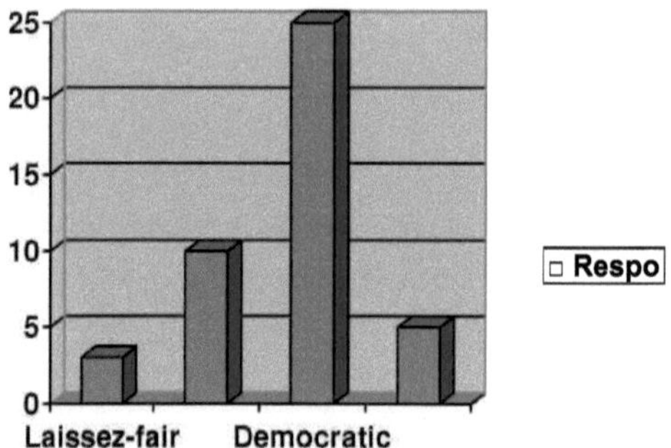

Estilo de Liderança	Respondentes
Laissez-faire	2
Autocrático	10
Democratas	20
Liderança Servant	5
Total	**37**

Quadro 2: Estilos de Liderança em Igreja Metodista nos Circuitos do Quénia entre (2004-2007)

CHAVE:

RESPO - INQUIRIDOS

Quadro 3: A necessidade de formação de liderança servidora na Igreja Metodista no Quénia Bettween (2004-2007)

A Necessidade de Formação de Liderança Servant em **Circuitos MCK**	Respondentes
Necessidade de formação de liderança de servidores	**25**
Não necessita de formação de liderança Servant	**2**
Não Tenho a certeza	**7**
Total	**37**

Figura 3:

Necessidade de Formação de Liderança Servant em Igreja Metodista no Quénia (2004-2007)

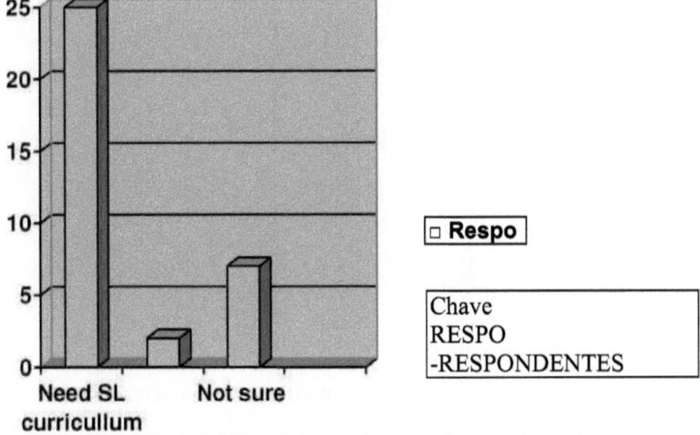

Capítulo Cinco

Re-Orienting Leadership & Way Foward

Introdução

Este capítulo interpreta e discute o resultado do estudo para ilustrar a forma como este cumpre a finalidade e os objectivos do investigador. A discussão centra-se nas seguintes três áreas particulares do estudo; formação de liderança no Quénia, estilo de liderança, e necessidade de liderança serviçal na igreja metodista do Quénia.

Formação de Liderança na Igreja Metodista no Quénia

O estudo que mostra a formação de liderança a nível de Circuito não tem prioridade na maioria dos circuitos da Igreja Metodista. Do quadro 1, no capítulo 4, apenas 3 dos inquiridos confirmaram ter tido formação de liderança três vezes entre os anos de 2004 e 2007. Apenas 4 dos inquiridos tiveram formação de liderança duas vezes entre os mesmos anos. Um grande número de 20 respondentes confirmou não ter tido formação de liderança entre os mesmos anos. Isto significa que a maioria dos líderes dos Circuitos na igreja metodista do Quénia tomou posse sem formação nas suas funções de liderança entre o ano de 2004 e 2007.

Estilo de liderança na Igreja Metodista no Quénia

O estudo revelou que a Igreja Metodista no Quénia é uma Igreja muito democrática. Os dados apresentados no quadro 2, no capítulo 4, mostram um número enorme de 20 inquiridos admitiram que entre os anos 2004 e 2007 os líderes do Circuito na Igreja Metodista no Quénia eram democráticos. No entanto, um número significativo de 10 respondentes considerou que os mesmos líderes manifestaram tendências autocráticas. Apenas 5 respondentes consideraram que os líderes do Circuito demonstraram um estilo de liderança serviçal. Um pequeno número de 2 respondentes sentiu que os líderes do Circuito manifestaram um estilo de liderança de laissez-faire.

Necessidade de liderança serva na Igreja Metodista no Quénia

A partir dos dados apresentados no quadro 3, um grande número de 25 inquiridos indicou a necessidade de formação de liderança de servidores. Isto pode não ser afectado, uma vez que do quadro 2 um grande número mostrou que o estilo de liderança dos líderes da Igreja Metodista é predominantemente democrático. Os dados desta tabela mostram também que um número significativo de 7 respondentes não tinham a certeza se precisavam ou não de formação de liderança de servidores, enquanto 5 respondentes indicaram que não precisavam de formação de liderança de servidores. Os resultados apresentados no quadro 3 podem, no entanto, ser explicados da seguinte forma: Este fenómeno pode ser resultado da falta de conhecimento sobre liderança serviçal entre os líderes do Circuito na Igreja Metodista, um facto que confirma o objectivo e a finalidade do estudo. O grande número de anseios de formação de liderança serviçal pode ser devido à sua descrição no instrumento (ver Apêndice B, perguntas 17 & 19).

Conclusão

O resultado deste estudo percorreu um longo caminho para estabelecer a gape de formação de liderança nos Circuitos da Igreja Metodista no Quénia. Destacou também o estilo de liderança do nosso líder do Circuito. Em particular, tornou claro que o conceito de liderança serviçal não é familiar a muitos líderes da Igreja Metodista no Quénia. Por conseguinte, o desafio que coloca uma cabeça depois deste estudo é que a Igreja Metodista no Quénia corrija as lacunas da formação de liderança e introduza o conceito de liderança serviçal nos seus programas de formação de liderança.

Liderança centrada nos serviços

Quando Jesus disse "quem quiser ser grande entre vós deve ser vosso servo, e quem quiser ser o primeiro deve ser vosso servo" (Mateus 20,26-27), ele trouxe um novo entendimento de liderança. Foi uma acusação à posição conceitual predominante e à liderança baseada no poder no mundo. O novo conceito baseava-se nos princípios do Reino de Deus.

Este estudo demonstrou que os líderes da Igreja Metodista precisam de ser treinados a fim de se reorientarem para os princípios de liderança do Reino. A igreja deve conformar-se com o ensino do evangelho sobre liderança. Ao reorientar a liderança para o estilo de liderança servo, respondemos precisamente aos ensinamentos do Reino ilustrados por Jesus Cristo. Dizemos reiterar como o ministério de Jesus foi centrado no serviço. Ele serviu os outros física, emocional e espiritualmente (2003, p. 140). Ele tinha a atitude de um servo em tudo o que fazia. É exactamente esse estilo de liderança que os líderes metodistas da Igreja deveriam aprender. Espera-se que os líderes da Igreja Metodista saiam da zona de conforto da liderança democrática para serem verdadeiros servos do povo. Da literatura revista sobre teorias de liderança e estilo de liderança é evidente que a liderança serviçal é superior e relevante para a igreja, em comparação com todas as outras.

Ser democrático não implica necessariamente a aceitação de todos os princípios da liderança dos servidores. Poder-se-ia ser um líder democrático que obedece aos requisitos legais do cargo sem necessariamente aceitar em acções ser um servo do povo. Tendo isto em conta, pode dizer-se com razão que a liderança democrática implica a observância dos princípios democráticos de um sistema, enquanto que a liderança serviçal enfatiza o serviço e a responsabilidade perante o povo. Isto torna-o um estilo de liderança necessário na Igreja Metodista no Quénia.

Recomendações

A partir dos resultados deste estudo, este projecto tem as seguintes recomendações para a Igreja Metodista no Quénia:

1. Este estudo revelou que os líderes das igrejas metodistas são democráticos. Isto é bom, mas ser democrático não significa que se seja um líder servo. O valor para os princípios democráticos deve ser ainda mais enriquecido se se tomar a atitude de um servo. É servindo os outros que os líderes metodistas serão eficazes no ministério.

2. Os líderes do Circuito na igreja metodista do Quénia devem ser treinados após a sua eleição e comissionados ou empossados antes de assumirem responsabilidades de liderança. Isto pode ser feito através da organização de um seminário de quatro a três dias para os líderes recém-eleitos. Quando isto não for possível por diferentes razões, a formação pode ser feita a nível da igreja local, mas o comissionamento pode ser feito num culto do Circuito.

3. A Igreja Metodista no Quénia deveria adoptar uma filosofia e princípios de liderança serviçal como base de formação e desenvolvimento de liderança. Isto ajudaria a desenvolver líderes com orientação para servir as necessidades das pessoas.

4. A Igreja Metodista no Quénia deveria adoptar um currículo de liderança serviçal connexional para a formação de líderes da Igreja. Uma amostra desse currículo foi desenvolvida por este projecto (ver Apêndice A) e pode ser utilizada como um piloto para satisfazer esta necessidade.

REORIENTANDO A LIDERANÇA

Um Curriculum para o desenvolvimento da liderança Servant na Igreja Metodista no Quénia

DESENVOLVIMENTO DE UM CURRÍCULO DE LIDERANÇA DE SERVIDORES

Introdução

O termo "líder servo" é um paradoxo em si mesmo. Como se pode ser um servo e um líder? Num relance, estas duas palavras parecem totalmente incompatíveis. A ideia de ser um servo não agrada à maioria dos quenianos. É um lembrete do passado colonial onde os servos no cenário colonial eram quase escravos. No entanto, a ideia de um líder soa melhor! Isso é um chefe e uma pessoa poderosa; todos querem ser assim! Será este o verdadeiro significado de um líder? Soa como se essa reacção ao passado colonial tivesse orientado mal a compreensão da liderança no Quénia. O maior paradoxo é que os líderes servidores são os mais livres de todos os líderes. Disse Jesus: "Aquele *que for maior entre vós será o vosso servo; quem se exaltar será humilhado, e quem se humilhar será exaltado*" (Mateus 23: 11-12). Jesus demonstrou este ensinamento lavando os pés dos seus discípulos. Nunca existiu um homem mais livre do que Jesus. É daqui que provém a liberdade dos líderes servos. Os líderes serviçais exercem intencionalmente a sua influência para permitir e capacitar outras pessoas a identificar e alcançar os objectivos da comunidade ao serviço de Deus. Estes líderes mostram direcção, criando uma visão clara. Uma vez que isto seja feito, eles ajudam as pessoas a ter sucesso através do ensino e da formação. Os líderes servidores ouvem, motivam, apoiam e redireccionam as pessoas quando estas se desviam dos seus objectivos.

Numa sociedade onde a posição e o poder têm sido confundidos com liderança, é o espírito de serviço que pode reorientar a mente e o coração das pessoas para o verdadeiro significado de liderança. A igreja, tal como outras organizações, precisa de líderes servos, modelados segundo o ensinamento de Jesus Cristo. Os líderes da igreja deste século devem alimentar uma mudança de atitude em relação ao poder e abraçar o serviço, uma vez que se mantêm concentrados em objectivos e resultados. Este vai ser o foco deste currículo. A secção seguinte discute os princípios da liderança serviçal e fornece o conteúdo central do currículo que este projecto recomenda para a formação de liderança serviçal na Igreja Metodista no Quénia. A seguir, serão abordadas questões relativas à declaração temática, esboço e concepção para a realização de um curso de liderança serviçal.

PRINCÍPIOS DA LIDERANÇA SERVIÇAL

1. Servir as necessidades das pessoas é a base para a liderança serviçal

O estilo "liderança servidora" não é uma teoria; é uma atitude do coração e da mente a moldar as decisões e acções dos líderes a todos os níveis. Oferece um novo quadro de liderança que satisfaz as necessidades das exigências organizacionais actuais (Sondagem 1996, p. 242). Os líderes servidores colocam as necessidades, aspirações e interesses de outras pessoas acima das suas próprias. A Greenleaf afirma isso mesmo: "O líder servo ... começa com o sentimento natural de que se quer servir ... Depois a escolha consciente leva-nos a aspirar a liderar"(1991,p.7).A liderança servidora começa com indivíduos, e depois passa para outros em relação e finalmente passa para relações na organização.

Os líderes servidores fazem-no ouvindo os seguidores, comprometendo-se com a organização e andando nos sapatos dos seus seguidores (Pollard1996, p. 245). Eles reconhecem todos os indivíduos como pessoas criadas à imagem de Deus que têm potencial para crescer, desenvolver-se e contribuir para o bem-estar da organização. Os líderes servos não estão vinculados por posição e título. Eles lideram servindo as pessoas. É servindo as necessidades dos seguidores que os influenciam em direcção à visão e objectivos da organização. Os locais de trabalho e a comunidade em geral exigem hoje em dia líderes que estejam dispostos a servir. Pollard ilustra este novo desafio de liderança ao dizer que "Não há escassez de pés para lavar. As toalhas e a água estão disponíveis. A limitação, se é que existe, é a nossa capacidade de nos pôr de joelhos e estarmos preparados para fazer o que pedimos aos outros"(p, 248).

2. A espiritualidade cristã é uma necessidade fundamental para a liderança Servant.

A base da liderança serviçal é uma espiritualidade profunda. Espiritualidade refere-se a uma convicção interior de que algo ou alguém para além de si próprio e do mundo material existe e torna interligado e significativo (Zohar1997, p 153). A espiritualidade dos líderes servidores é expressa através do seu compromisso religioso, fé, amor, esperança e gratidão (Batten1998, p.51) Os investigadores da liderança concordam que a liderança dos servidores está intimamente relacionada com a liderança espiritual.

Grande parte da literatura sobre a liderança dos servidores cristãos é escrita a partir da perspectiva da teologia cristã. O ponto principal é a convicção interna de que os líderes servos são, acima de tudo, pessoas que servem os outros por obediência a Deus (Trinity Western University2000, pp.1-2). Neste caso, Jesus Cristo é visto como o líder servo por excelência. Uma relação pessoal com Ele dá o poder que nos motiva a servir não como um dever ou rotina, mas como longe da doação a Deus e aos outros (Hansel 1987, p. 172).

A espiritualidade pode também referir-se à interligação entre o eu interno e o mundo externo. O alinhamento entre o eu e o mundo começa com uma consciência interior do próprio eu, o que obriga a contribuir para o mundo e a empenhar-se num trabalho significativo e motivador. Isto é motivado por um forte sentimento de que se faz parte de algo maior do que ele (Kevin&Freiberg1996, p. 310). Isto leva à realização da *missão de* alguém no mundo maior. Hoje em dia, as pessoas vêem cada vez mais o seu trabalho como uma vocação (Ngara2004, p. 57). O cumprimento desse chamamento deve manifestar-se em fazer a diferença na vida dos outros através do serviço, do qual se deriva o sentido e o propósito na vida.

Outro aspecto chave da espiritualidade é a *administração*. A mordomia significa manter algo em confiança para outro. Isto implica ver a responsabilidade da liderança como algo mantido em confiança para Deus e para o povo (Addington & Graves 1998, pp 26-27). As coisas e as pessoas colocadas perante um líder não são por motivos egoístas, mas pela satisfação da vontade de Deus e do povo. Por conseguinte, os líderes servos mantêm a liderança como administradores de Deus e de outros.

3. O relacionamento é necessário para a Liderança de servidores.

A capacidade de manter relações é necessária para a liderança dos servidores. Ao contrário de outras relações que são construídas sobre expectativas, objectivos, compensações e constrangimentos, as relações entre líderes e constituintes assentam na intimidade mútua entre as pessoas e no compromisso partilhado de valores, que permitem que o trabalho e a vida sejam significativos e realizadores (Kouze & Posner 1993, p. 11). A fim de construir relações com outros, será fundamental que os líderes servidores demonstrem as seguintes características: aceitação, disponibilidade, igualdade, e colaboração.

Aceitação:

Os líderes servos empatizam e aceitam os outros pelo que são, não pela forma como os outros os fazem sentir. Eles vêem os outros como indivíduos únicos criados à imagem de Deus. Os líderes servos também aceitam outros independentemente de diferenças sócio-políticas e económicas, limitações, características ou fracassos passados (Sendjaya Dez, 2005). Esta aceitação que os líderes servidores exibem faz com que as pessoas que aderem a novas comunidades se sintam apreciadas e lhes dá oportunidades de crescer (Turner2000, pp. 159161). É importante notar, contudo, que embora os líderes servidores aceitem os outros incondicionalmente, não estão satisfeitos com o status quo. Em vez disso, os líderes servidores levantam as pessoas e encorajam outros a crescerem como pessoas e a serem aquilo em que são capazes de se tornar.

Disponibilidade:

Os líderes servidores colocam-se à disposição das pessoas. Não ordenam às pessoas que desempenhem tarefas enquanto ficam para trás. Não andam para trás com um chicote; estão à frente com uma faixa (McGee1998, p. 3). A disponibilidade é também demonstrada através do estabelecimento de uma boa comunicação com as pessoas. Os líderes servidores fazem-no através da escuta. Escutam nas entrelinhas não só para ouvir o que é dito, mas também para ouvir o que não é dito como expresso através dos sentimentos (Turner, 2000, p. 8386). Isto faz com que as pessoas sintam que o seu líder está lá para elas.

Igualdade:

A igualdade é importante para o conceito de liderança de servidores. Os líderes servidores não se consideram acima dos outros. Eles vêem e tratam os outros com respeito como iguais que trabalham em conjunto e tomam decisões em conjunto (Trinity Western University 2000, p.4). Esta atitude mantém vivo o sentimento de co-trabalhador e camaradagem

Colaboração:

Os líderes servidores colaboram com outros. Eles dão aos outros oportunidades de expressarem os seus talentos. Os líderes servos envolvem a contribuição de cada membro, a sua equipa. Isto leva ao compromisso e todos ficam emocionalmente e mentalmente ligados a um propósito ou causa de acção (Kevin & Freiberg 1996.p.299). Através disto, as pessoas que lideram por líderes servidores são transformadas porque as suas capacidades e afiadas à medida que as põem em prática. Para melhorar a colaboração e o trabalho de equipa, os líderes serviçais partilham informações, responsabilidades e crédito com outros. Ao contrário dos patrões que, em primeiro lugar, avançam a sua própria imagem quando as organizações são bem sucedidas, os criados dão crédito a esses membros da equipa e encorajam os membros da equipa a brilhar.

4. A Influência Transformadora é um princípio primordial da liderança Servant.

A influência transformacional é um princípio primordial da liderança dos servidores. Maxwell fala de liderança como influência (1993, pp.16-20) e argumenta que os líderes servidores não só servem mas também trazem transformação para as pessoas à sua volta. Perguntam-se se as pessoas serviram como indivíduos, que serão independentes e por sua vez transformarão outras (sondagem 1996, p.44). Sendjaya afirma que os líderes servidores causam essa transformação através da visão, modelação, mentoria, confiança e empoderamento (Dez, 2005). As seguintes subsecções explicam como as características mencionadas facilitam a transformação na vida das pessoas.

Visão:

Os líderes servidores influenciam a vida das pessoas pela sua visão. Através da visão, os líderes servidores permitem às pessoas à sua volta saber onde estão e identificar onde devem estar (Nanus 1992, p. 4). A visão actua como um sinal de orientação para o futuro desejado. Os líderes servos levam as pessoas a concentrarem-se no futuro desejado (p.5). Isto dá às pessoas a energia necessária para fazer tudo o que é preciso para se chegar a este futuro desejado.

Modelação:

Os líderes servidores lideram modelando e influenciando outros, dando exemplos pessoais e tangíveis (Sendjaya 2005, p. 7). O exemplo pessoal é uma forma poderosa de deixar as pessoas saberem o que deve ser feito porque vêem o líder. O exemplo pessoal influencia os membros da equipa para orientarem os seus esforços para os objectivos estabelecidos. Batten esclarece que os líderes devem dar o exemplo do que esperam dos membros da sua equipa (1998, p.50). Isto traz uma poderosa transformação na forma como os membros da equipa desempenham os seus papéis.

Mentoreamento:

Mentoring refere-se a uma relação em que um dá poder ao outro ao partilhar recursos tais como sabedoria, competências e experiência (Stanly & Clinton1992.p.33). Este processo requer métodos diferentes como o ensino, a disciplina, o coaching e o aconselhamento. Num processo de mentoria, os líderes de servidores ajudam os outros a crescer na sua vida pessoal e profissional.

Confiança:

Para transformar a vida das pessoas, os líderes devem ser vistos como justos, justos e consistentes. Wllingham atesta que as pessoas procuram líderes em quem possam confiar, seguir e respeitar (1997, p 19). Os líderes servos que seguem o exemplo de Jesus Cristo transformam a vida das pessoas porque inspiram confiança. Pode-se ser competente, dinâmico e inspirador, mas as pessoas podem não o seguir até estabelecerem que se pode confiar em si (Kouzes 1993, 24).

Capacitação:

O empoderamento é crucial na influência transformadora. Os líderes servidores não se agarram ao poder, desistem de algum controlo e partilham responsabilidades com outras pessoas dentro das suas organizações. O empoderamento envolve acções como dar às pessoas um objectivo desafiante, equipá-las com as competências e ferramentas necessárias para alcançar os objectivos, ter confiança nelas e apoiá-las para realizar o trabalho (Gina & Nilsen 1998, pp. 16). Quando aqueles que trabalham com líderes servidores partilham da sua responsabilidade, crescem como pessoas. Através do empoderamento, os líderes serviçais ajudam os outros a realizar o seu potencial.

CARTOGRAFIA RODOVIÁRIA DO CURRÍCULO

Declaração Temática

A liderança servidora é um estilo de liderança relevante e eficaz para esta geração. Os líderes metodistas da igreja beneficiarão do conceito e dos ideais deste estilo para realizarem a sua visão de serem testemunhas eficazes do nosso Senhor Jesus Cristo. Os líderes metodistas explorarão como a liderança serviçal ajuda a liderar de acordo com os ensinamentos de Jesus Cristo que disse *"Porque eu vos dei um exemplo, que vós também deveis fazer como eu vos fiz* (João 13:15)". Estudarão também como este estilo de liderança terá impacto na vida dos crentes, ajudando-os a crescer até ao seu pleno potencial como pessoas criadas à imagem de Deus. Os líderes da Igreja Metodista estudarão vários factos e princípios da liderança serviçal. Reflectirão sobre o fundamento, a base e as características críticas dos líderes servos. Reconhecerão a limitação do seu actual estilo de liderança e apreciarão a liderança serviçal como o melhor estilo de liderança para este século.

Esboço do Curriculum

Os seguintes conceitos e ideias serão incluídos como o conteúdo central do currículo da liderança dos servidores:

1. Servir as necessidades das pessoas é a base da liderança servidora; a liderança servidora é orientada para o serviço. Envolve colocar as necessidades e aspirações de outras pessoas acima das do líder. A liderança servente é uma doação sacrificial de si próprio para o bem da comunidade de lager. Tem origem no sentido do apelo de Deus para um curso maior do que o do líder.

2. A espiritualidade cristã é uma necessidade fundamental para a liderança serviçal: O espírito de serviço brota do coração do líder. A relação pessoal do líder com Deus através de Jesus Cristo que se entregou abnegadamente à humanidade, inspira-o a servir. Através do relacionamento pessoal com Deus, encontram o seu lugar na missão de Deus e assim desenvolvem a sua missão e propósito dentro do plano de Deus. Os líderes servos são, portanto, mordomos de Deus e do povo. Eles têm a liderança como uma confiança de Deus e do povo. Portanto, através do serviço, cumprem a sua obrigação espiritual para com Deus e a humanidade. A espiritualidade e a dependência de Deus devem ser enfatizadas no currículo da liderança servidora para permitir que os líderes tirem força para o serviço do seu ser interior e do seu relacionamento pessoal com Deus.

3. O relacionamento é necessário para a liderança dos servidores: Os líderes servidores devem ser capazes de atrair e manter uma relação sem expectativas de nada em troca. Os líderes devem desenvolver a capacidade de aceitar outras pessoas diferentes deles. Um sentido de igualdade deve ser alimentado entre os líderes para refrear a competição insalubre. O currículo da liderança servidora enfatiza a colaboração entre colegas de trabalho e a formação de equipas na igreja metodista no Quénia. O conteúdo do currículo incluirá a colaboração e a formação de equipas.

4. A influência transformacional é um princípio primordial da liderança dos servidores: Os líderes servidores devem influenciar de forma contagiosa as pessoas que os rodeiam. A influência deve resultar numa transformação positiva dos seguidores e da organização. Os seguidores devem crescer mais maduros espiritualmente, emocional e

intelectualmente. Devem ser mais independentes e, em troca, capazes de influenciar os outros no sentido do crescimento pessoal e organizacional. Os líderes servidores têm um efeito multiplicador tanto nas organizações como na comunidade. Os líderes metodistas da igreja deveriam aprender estas competências críticas. A informação sobre empoderamento, visão e processo de pensamento estratégico deve ser apresentada como o núcleo do currículo da liderança serviçal.

Desenho para Entrega de Currículos

A entrega do currículo incluirá as seguintes informações para ajudar o processo de aprendizagem.

1. Título da lição
2. Resultados de Aprendizagem Pretendidos
3. Materiais Necessários
4. Chumbo em
5. Estratégias instrucionais
6. Encerramento

Horário

Os líderes metodistas da igreja são pessoas ocupadas durante os dias de trabalho da semana. Dedicam-se ao emprego, à agricultura e aos negócios. Por conseguinte, os fins-de-semana seriam apropriados para eles. O currículo pode, portanto, ser entregue em quatro sessões de 1 hora e 40 minutos, desde sexta-feira à noite até domingo de manhã. Contudo, os facilitadores são encorajados a programar os seminários de acordo com as suas diferentes situações, desde que o currículo seja seguido.

Os facilitadores devem entregar o currículo com o objectivo de introduzir os líderes metodistas no conceito de liderança de servidores

Entrega do Curriculum

Introdução

Este currículo será ensinado numa atmosfera cristã onde tanto os facilitadores como os alunos reconhecem que são chamados por Deus à liderança. Espera-se que as sessões de aprendizagem sejam vistas como uma oportunidade de estarem equipados para responder eficazmente ao chamamento de Deus à liderança da igreja. Os facilitadores devem ter em mente que a liderança serviçal é um novo conceito com o qual os aprendentes podem sentir medo. Por conseguinte, devem lidar diligentemente com as experiências passadas de liderança dos aprendentes à medida que introduzem os princípios da liderança serviçal.

Directrizes para a apresentação

Espera-se uma audiência mista durante as sessões. Espera-se que os alunos sejam homens e mulheres adultos com diferentes formações e experiências de liderança. As sessões são concebidas para satisfazer as necessidades dos aprendentes adultos que não serão participantes passivos mas activos no processo de aprendizagem. Os facilitadores irão, portanto, facilitar o processo de aprendizagem para que os aprendentes considerem a liderança serviçal como um requisito para liderar o povo de Deus. Para que o currículo seja efectivamente entregue, os facilitadores devem considerar as seguintes directrizes:

1.   O tempo previsto deve ser de 1 hora e 40 minutos (100 minutos). Isto é para dar tempo suficiente para actividades de debriefing e palestras curtas.

2.   Os aprendentes são pessoas únicas feitas à imagem de Deus com diferentes métodos e capacidades de aprendizagem. Por conseguinte, a estratégia de ensino deve proporcionar a todos os aprendentes a oportunidade de utilizar os seus métodos de aprendizagem únicos para compreenderem os conceitos de liderança de servidores. Isto pode ser realizado através de actividades de grupo, apresentação individual dos resultados das actividades de grupo e de reuniões de balanço.

3.   Utilizar a informação fornecida no conteúdo principal do currículo para preparar pequenas palestras e fornecer folhetos aos alunos.

4.   A aprendizagem deve ser participativa. Os aprendentes devem ser encorajados a contar livremente as suas histórias, a partilhar as suas experiências e opiniões. Contudo, neste processo, o facilitador deve ajudar os aprendentes a desenvolver uma atitude positiva, valores e disposição para a liderança serviçal.

5.   Algumas das sessões incluirão espectáculos em vídeo (em áreas onde haja electricidade, gerador ou energia solar). Em áreas onde tais instalações possam não estar disponíveis, o facilitador deverá ter o DVD ou o Vídeo cassete, vê-lo antecipadamente numa casa ou num centro de mercado próximo e narrá-lo como uma história para os alunos. Isto é possível uma vez que a maioria do público alvo provém de um contexto onde a narração de histórias é uma forma eficaz de comunicar conceitos.

6.   Geralmente, os facilitadores devem preparar-se com bastante antecedência, uma vez que os horários dos seminários serão apertados. Pode não haver tempo para permitir qualquer preparação enquanto as sessões estiverem a decorrer.

SESSÃO I: Servir as necessidades das pessoas é a base da Liderança Servant

Resultados de aprendizagem pretendidos

O objectivo desta sessão é permitir aos alunos compreender a influência transformadora encontrada ao serviço das necessidades de outros povos. A partir desta sessão, os alunos devem ser capazes de compreender o facto de que os líderes são aqueles que servem os outros, não os chefes que esperam para ser ser servidos. Os aprendentes devem ser capazes de compreender que é Deus que chama as pessoas à liderança e que, servindo os outros, respondem em obediência ao chamado de Deus.

Materiais Necessários

1. Flip chart
2. Leitor de DVD
3. Bíblias
4. Artigos

Chumbo em

1. Facilitador para abrir a sessão através de uma oração
2. O facilitador conduz uma breve sessão de introdução para os participantes (10mins)
3. O facilitador dá uma breve visão geral do seminário e pede aos alunos que enumerem as suas expectativas (10mins)
4. "The call to serve" Activity- (Estudo de caso Call of Moses - Leia Êxodo 3:1-22). Os alunos são divididos em grupos de quatro e é-lhes pedido que leiam e identifiquem as qualidades de liderança em Moisés no momento em que Deus o chamou (10 Minutos).
5. Debriefing (10mins). As seguintes perguntas devem ser feitas durante o debriefing:
   a) Quem foi Moisés?
   b) Onde estava ele quando Deus o chamou?
   c) Qual foi a sua resposta ao Chamado de Deus?
   d) Que lições aprendemos com este estudo de caso em relação ao nosso apelo à liderança?

Estratégia instrucional

1. Palestra sobre liderança dando informações sobre a definição de liderança de servidores e as suas características (ver currículo principal)(10 min)
2. "Vídeo de Madre Teresa de Calcutá ao serviço das vítimas de guerra" (15 min)
3. Discussão sobre o vídeo (10 min)focando as seguintes questões:
   a) Como é que a Madre Teresa demonstrou qualidades de liderança serviçal?
   b) Qual foi o factor de motivação na Madre Teresa?
4. "O servo como líder" Actividade e Debriefing (20 min). Nesta actividade, cada aluno recebe uma fotocópia da página 1&2 do livro da Greenleaf "O criado como líder" para ler em grupos de quatro e responder às seguintes perguntas
   a) Que papel de liderança desempenhou o Leo na história?
   b) Como é que o desaparecimento de Leo afectou a realização da viagem para o Oriente?
   c) Leo era o criado ou o líder do grupo?

Encerramento

1.	O facilitador resume a informação recolhida na sessão e debriefe os alunos fazendo a seguinte pergunta (5 min):

    a)	Qual é a expectativa de Deus quando Ele nos chama para posições de liderança?

    b)	O que aprendemos nesta sessão que vamos incorporar na nossa liderança para que possamos servir as necessidades do nosso povo?

2.	O instrutor pede a cada membro que prepare uma curta autobiografia espiritual para apresentação na próxima sessão. A autobiografia deve incluir as seguintes informações:

    a)	Como lhe foi apresentada a fé cristã

    b)	Descreva brevemente o seu encontro com o Senhor, indicando se nasceu de novo ou não

    c)	Indique brevemente onde se encontra neste momento na sua viagem espiritual com o Senhor Jesus Cristo.

3.	O instrutor menciona a hora do próximo horário

4.	O instrutor facilita o encerramento da sessão em oração e dispensa o grupo.

SESSÃO DOIS: A Espiritualidade Cristã é uma Necessidade Fundamental para o Servo Liderança

Resultados de Aprendizagem Pretendidos

O objectivo desta sessão é deixar os alunos compreenderem a importância da espiritualidade cristã na liderança dos servidores. Espera-se que, no final da sessão, os aprendentes sejam capazes de se empenhar numa busca mais profunda da alma e estabelecer uma fonte espiritual da qual se possa retirar energia para liderar através do serviço. Os aprendentes devem ser capazes de interligar a sua liderança com o plano divino de Deus para o mundo inteiro.

Materiais Necessários

1.	Flip chart

2.	leitor de DVD

3.	Leitor de vídeo

4.	Bíblias

5.	Artigos

Chumbo em

1.	O Facilitador abre a sessão com uma devoção intensa e reflexiva ao ler João 15:1-16 e expõe sobre o ponto que, como líderes cristãos, precisam de permanecer em Cristo como a fonte da sua força.(10 mins)

2.	O instrutor dá uma breve visão geral da sessão (5 Mins)

3.	Actividade "Autobiografia Espiritual"; o facilitador dá oportunidade a cada aluno de apresentar a sua autobiografia (se o grupo for grande e o tempo não puder permitir, as autobiografias devem ser apresentadas num grupo de 3 pessoas) (20 mins)

4.   O relatório das autobiografias deve ser como (10mins)

Estratégia instrucional

1.   Uma breve palestra dando informações sobre a necessidade da espiritualidade cristã para a liderança dos servidores, tal como se encontra no conteúdo central do currículo (10mins)

2.   Actividade "Enfleshing the Truth"; nesta actividade, os alunos recebem uma cópia das páginas 43-50 do livro de Henri Nouwen "Life of the Beloved" (20mins) para lerem e analisarem

3.   "Dependência de Deus" Clipes do vídeo "Jesus" a dar aos alunos

4.   e debriefing(20mins)

a)   Como se sentiu quando Jesus aceitou ser crucificado por causa dos pecados de outros povos?

b)   Encontra algum significado em dar-se sacrificialmente pelo bem-estar de outra pessoa?

c)   Como podemos entregar-nos aos outros sacrificadamente sem exagerar?

Encerramento

1.   O instrutor resume a informação para a sessão e faz o balanço dos alunos, fazendo as seguintes perguntas em(5 min)

a)   Qual foi o impacto da sua relação com Jesus Cristo na forma como lidera?

b)   Que medidas vai tomar para assegurar que a sua liderança seja fortalecida pelo Espírito Santo?

2.   O instrutor encerra a sessão com uma oração depois de anunciar a hora da próxima sessão

SESSÃO TRÊS: A Relação é Necessária para a Liderança Serviçal.

Resultados de Aprendizagem Pretendidos

O objectivo desta sessão é demonstrar aos alunos a importância do Relacionamento. Os aprendentes devem ser capazes de compreender que a manutenção de relações de trabalho aumenta o sucesso da liderança. Espera-se que os aprendizes compreendam que os líderes serviçais não são líderes solitários, mas que trabalham com aqueles que lideram. Os aprendentes devem compreender as capacidades de colaborar com outros para atingir objectivos organizacionais.

Materiais Necessários

1. Flip chart

2. leitor de DVD

3. Leitor de vídeo

4. Bíblias

5. Artigos

Chumbo em

1. O facilitador abre a sessão com a oração

2. O facilitador faz as seguintes perguntas de check-in para saber se os alunos estão prontos para continuar com o curso(10mins)

    a) Como se sente sobre o conceito de liderança de servidores de que temos falado até agora?

    b) Qualquer um de nós pode partilhar uma experiência pessoal de liderança onde os conceitos que aprendemos teriam ajudado a fazer a diferença?

    c) Que preocupações tem sobre este novo estilo de liderança que estamos a aprender?

3. O facilitador dá uma visão geral da sessão(5 mins)

4. Actividade "Liderança através da construção de comunidades": "1000 Bob" (ver recurso 5. para esta actividade) (20min)

Nota: Os objectivos deste exercício estão no início. Não se deve ler os objectivos ao grupo antes de este realizar o exercício. Só lhes deve ser dada a instrução sobre como realizar a actividade.

Estratégia instrucional

1. Palestra directa dando informações sobre colaboração, formação de equipas e trabalho de equipa como indicado no conteúdo central do currículo(20 mins)

2. "Colaboração para atingir objectivos de liderança" Filme em vídeo "Survival Run". Será colocado à disposição dos facilitadores que terão de receber formação sobre como o utilizar. O vídeo destaca a experiência de um corredor cego, Harry Cordellos que, com a assistência e orientação do seu amigo, Mike, corre a difícil corrida Dipsea Marathon no campo, perto de São Francisco. É uma história comovente de como, através do capuz dos criados, a equipa de dois corredores superou desafios difíceis para alcançar o seu objectivo. Harry é um corredor da Maratona mas precisa de depender de Mike, que não é cego para o guiar. Mike não é um bom corredor, mas quando eles estão juntos com Hurry a corrida deve ser usada (15 mins).

3. Debriefing (20min)

    a) Se você fosse Mike, como poderia ter lidado com Harry?

    b) O que acha que fez Harry ganhar a corrida, mas Mike não era um bom corredor?

    c) Com que lições de liderança serviçal aprendemos nós

Encerramento

1. O instrutor resume a informação recolhida durante a aula e faz o balanço dos alunos

perguntando como se comportarão de forma diferente se lhes for pedido que trabalhem em equipa (10min).

2.   O instrutor encerra a sessão com a oração.

3.   O instrutor menciona o tempo para a próxima sessão.

SESSÃO QUATRO: A influência transformacional é um princípio primordial da liderança servidora.

Resultados de Aprendizagem Pretendidos

O objectivo desta sessão é o de ajudar o grupo a aprender o poder de influência. No final da sessão espera-se que os alunos desenvolvam características de influência transformadora positiva, tais como visão, capacitação, modelação e mentoria.

Chumbo em

1. O instrutor abre a sessão com uma palavra de oração.

2. O instrutor dá uma breve visão geral da sessão (5min)

3. Liderança através da visão "Igreja Metodista em Dez Anos"

Actividade: Cada aluno recebe um trabalho e é-lhe pedido que escreva em menos de 50 palavras como vê a igreja metodista nos próximos 10 anos. (10mins)

Estratégia instrucional

1. Palestra de liderança, dando informação sobre influência através da visão, modelação de empowerment e mentoria, tal como se encontra no conteúdo central (20mins)

2. Actividade "Role Model": (Nelson Mandela, Jomo Kenyatta, Bispo Desmond Tutu) Os alunos são convidados a escolher um líder que admirem da lista e a dar pelo menos três qualidades que apreciem neles.(10mins)

3. Apresentação e discussão sobre a actividade (10mins)

4. "O poder da visão" vídeo clip I have a dream by Martin Luther King Jr. (15mins)

5. Debriefing (10mins)

    a) Porque é que Martin Luther King Jr. Influenciou muitos seguidores?

    b) Diga em poucas palavras o que aprendeu com este filme?

Encerramento

1.   O instrutor resume informação sobre influência transformadora, visão, modelação, empowerment e mentoria.

2.   Feedback e resolução do grupo (10mins)

3.   Data para a indução ou entrada em serviço dos líderes pode ser anunciada. Esta indução deve ser feita durante o culto de adoração do Circuito.

Conclusão

Este currículo foi concebido para satisfazer as necessidades de desenvolvimento da liderança da igreja metodista no Quénia. Contudo, é aplicável a qualquer outra organização que necessite de modelar a sua liderança sob a orientação de filosofia e princípios de liderança de servidores. Se for bem implementado, este currículo ajudará a desenvolver líderes servidores, espiritualmente empenhados, com visão para liderar organizações vibrantes e eficazes. É a minha oração que os instrutores e aprendentes considerem este currículo interessante e perspicaz.

Recursos Curriculares

1. Greenleaf R.K (1991), "The servant as Leader". Páginas 1-2
2. Nouwen J.M Henri (1992), "Life of the Beloved". páginas 43-50
3. Vídeo "Jesus
4. Vídeo "Madre Teresa"
5. Ngiri - Ksh 1000) Ou (notas de Ksh.200 e Ksh 100 podem ser usadas)

Objectivo: Aprender que o maior valor não vem do que podemos obter para nós próprios, mas do que podemos dar a fim de servir os outros.

Número de Participantes: Qualquer número de grupos de 3 a 5 pessoas.

Equipamento: notas de Ksh.1000, Ksh.200 ou Ksh.100

Procedimento: Pergunte a cada grupo "Qual é a melhor coisa que se pode conseguir por um Ngiri (Ksh.1000?)". Escreva o seu melhor valor. Se pensar num melhor, escreva-o e risque os outros.

Debrief: No início o grupo pensará em algo que pode comprar por Ksh. 1000 no supermercado, tal como um par de sapatos ou algum produto alimentar que tenha sido descontado para Ksh 1000. Passado algum tempo, começarão a pensar em alavancar o seu investimento. Por exemplo, poderiam comprar algo por Ksh.1000 e depois vendê-lo por mais. Esperemos que acabem por começar a pensar no que poderiam fazer por outros que teriam um valor ainda maior. Por exemplo, poderia comprar Celtel ou Safaricom Airtime e *sambaza* (enviar) a um amigo ou alguém que se sinta só e falido.

Poderia enviá-lo a um amigo em Nairobi para comprar muitos panos *mitumba* (panos de segunda mão) e enviar para as zonas rurais para serem vendidos pedir para que pudesse angariar mais algum dinheiro para a construção de uma creche no Habitat da aldeia para ou fornecer uma refeição no orfanato local. O ideal é fazê-los combinar com outros do grupo ou, melhor ainda, com outros grupos para ganhar mais recursos para fazer algo com eles.

Questões de interrogação:

a)   Como se sentiu quando viu que podia utilizá-lo para beneficiar ou servir outros?

b)   Porque é que o sentido na nossa vida está ligado ao serviço dos outros?

c)   Porque demorou algum tempo até que o grupo começasse a combinar os seus Ngiri de forma mais vantajosa?

d)   Como podemos ser mais criativos ao serviço dos outros sem quebrar o banco?

Isto é adaptado do livro da Done Page "The basic Teams manual of experiential learning Exercises" página 28 e reescrito para se adequar ao contexto queniano.

6. Vídeo: "Corrida de Sobrevivência"

7. Vídeo: Martin Luther King Jnr. "Eu tenho um sonho"

8. *Avaliar o seu potencial de liderança. És Realmente...* [1]

Um bom ouvinte	Credível	Trabalhar arduamente	Fiável
Um tomador de risco	Curioso	Esperançoso	Respeitoso
Um visionário	Ousadia	Humilde	Responsável
Activo	Decisivo	Humorístico	Inquieto
Adaptável	Dependíveis	Inteligente	Autoconfiante
Ambicioso	Directo	Loyal	Sensible
Um conquistador	Disciplinado	Maduro	Sensível
Assertivo	Dominante	Moderado	Simples
Aware	Conduzido	Aberto	Social
Equilibrado	Empática	Optimista	Solicitante
Animado	Energético	Apaixonado	Espiritual
Comprometido	Entusiasmado	Paciente	Estável
Competitivo	Feira	Fisicamente apto	Tenacious
Conceptual	Avistados com o rosto	Pleasant	Fidedigno
Consciencioso	Empresa	Positivo	Imparável
Constante	Flexível	Pragmático	Upbeat
Corajoso	Orientado para os objectivos	Proactivo	Vulnerável
Criativo	Feliz	Produtivo	Sábio

[1] Adaptado de MAL Course Pack Material 2006: Pan Africa Christian University, Nairobi, Quénia.

OUTROS RECURSOS

Servo

Liderança

"Administração intencional

Da sua influência para

permitir e capacitar outras

pessoas a

identificar e alcançar os

objectivos da comunidade

ao serviço

de Deus".

[2]

"servantleadershippropelsorganizationalsuccess

"[3]

"O líder servo sente que, desde que a direcção seja clara,

o seu papel é ajudar as pessoas a

atingir os seus objectivos.

O líder servo procura

ajudar as pessoas a ganhar através do ensino

e do treino.

Estes líderes ouvem

As pessoas, elogiam-nas, apoiam-nas

, e redireccionam-nas quando

se desviam dos seus objectivos

".[4]

Pôr em prática a Liderança dos Servidores

A maioria de nós é originalmente contratada pela nossa competência (criatividade, imaginação, inovação), a nossa habilidade (escrever, conferir, decidir), e a nossa proficiência em certas funções (planeamento, organização, etc.). Mas logo somos forçados a lidar com prioridades concorrentes dentro e fora do trabalho e com a necessidade de supervisionar outros.

---

[2] Uma definição desenvolvida pelo Executive Leadership Development Institute for Chief Academic Officers of the Coalition of Christian Colleges and Universities, Junho, 1997.

[3] Ken Blanchard em *Convene* (Fevereiro de 1998) p75.

[4] De uma pessoa anónima

A competência por si só não é suficiente para nos tornar líderes eficazes. Devemos também ter apoio e, para obter esse apoio, devemos aceitar duas realidades sem ressentimentos ou reservas:

1. ***Os patrões exigirão o cumprimento.*** Devem fazê-lo ou a estrutura de responsabilização e liderança desmoronar-se-á.

2. Os grupos de pares exigirão a conformidade com as suas políticas e procedimentos. Devem fazê-lo ou a estrutura da equipa desmoronar-se-á.

Os líderes amadores acreditam que "ter razão" é suficiente, e que as suas responsabilidades de trabalho lhes conferem automaticamente e o direito inerente ao apoio activo do seu patrão, colegas e pessoal. O amador acredita que para fazer as coisas, ele ou ela precisa de ser superior ao patrão ou anular o sistema. Estas atitudes apenas polarizam as suas relações, fazendo com que os seus chefes e pares circunscrevam as suas actividades, tendo assim o oposto do efeito pretendido.

Os líderes sazonais não tomam nada por garantido e, portanto, cultivam o apoio activo dos principais intervenientes . Se recompensamos os funcionários por nos trazerem os seus problemas para resolvermos - encorajando assim a confiança dos chefes em vez da auto-suficiência nos nossos funcionários e permitindo aos nossos subordinados atribuir-nos múltiplas coisas para fazer e resolver - então nós, chefes, ficamos mais para trás. Neste cenário, a urgência rotineira empurra para fora o importante, o excesso de trabalho torna-se a norma, e a moral despenca.

Os amadores vêem o cumprimento e a conformidade como os inimigos da inovação. Os profissionais vêem que o cumprimento e a conformidade são a única via para a inovação sustentada. Como profissionais, construímos relações com outros actores-chave para que tenham confiança em nós e nos nossos juízos.

Se antecipamos problemas e oportunidades antes de eles aparecerem no ecrã do radar do chefe, trazendo-lhe recomendações sobre a melhor forma de lidar com o problema de aproveitar a oportunidade, e se o fizermos de uma forma que aumente a confiança do chefe no que estamos a fazer e como o fazemos, o chefe sentirá menos necessidade de nos gerir directamente, é melhor ajudar o chefe a decidir do que gastar tempo e energia a tentar fazer com que o chefe o mude. Com os nossos pares precisamos de esclarecer: o que queremos, quando o queremos e onde o queremos. A estratégia aqui é construir relações de cooperação com os nossos pares, trabalhando com eles em vez de contra eles, percebendo que a procura da sua oferta supera a oferta. Com os nossos funcionários, temos de manter a bola no seu campo. Podemos ser um recurso para eles. Contudo, temos de insistir que eles nos tragam soluções, não apenas problemas; precisamos de respostas, não de perguntas. Queremos que o nosso pessoal chegue a conclusões com base na melhor informação disponível. Se insistirmos nisto por parte do nosso pessoal, eles tornar-se-ão membros auto-confiantes de uma equipa interdependente. Lideramos o nosso chefe porque nós - estando mais próximos da acção ou do cliente - estamos na melhor posição para aconselhar o chefe sobre quais as acções a tomar. Podemos liderar os nossos pares sabendo do que estamos a falar, mantendo-os informados, e nunca os tomando como garantidos. Damos-lhes poder para trabalharem com todo o seu potencial. Lideramos o nosso pessoal investindo neles pessoalmente e exigindo desempenho, do qual resultará auto-confiança, auto-confiança, e elevado moral. Isto cria locais de trabalho significativos para os funcionários e representa a liderança dos funcionários. [5]

---

[5] Adaptado de "Reality Check" de William Oncken. Executive Excellence Janeiro de 2000: 20.

Referências

Addington,T.and Graves, S.(1998, Novembro/ Dezembro). "O papel esquecido: Tem
Os negócios (e a liderança) perderam de vista o que significa trabalhar como Guardião de Deus"?
Life@ Work, 1(6), 26-33.

Bass M, (1995). "Concept of Leadership" em J.L Piercer e J.W. Newstrom (Eds)
A liderança e o processo de liderança (PP. 15 - 13). Boston, MA: Irwin.

Batten J, (1998). "Servant-Leadership": A paixão de servir" Em Spears L.C. (ed.).
Percepções sobre liderança: Service, Stewardship, Spirit and Servant Leadership.(pp.38-53)
New York .John Wiley.

Benett, D (1996). "The Leader as Servant" *Transformation.* Janeiro/ Março de 1996. 17
- 19.

Blackbaby, H, & Blackbaby, R, (2001). *Spiritual Leadership,* Nashvile. Broadman e Holman.

Brummelen, H. V. (2002). Steppingstones to Curriculum. Colorado,EUA.
Publicações de design com fins lucrativos.

Burn J. M, (1995). "The Crisis of leadership" em T.J. Wren), *The leadership companion on leadership
through ages* (8- 10)

Chemers, M. (1995). "Contemporary Leadership theory" em J.T Wren (Ed), *The
Companheiro de liderança: Insights on Leadership through the ages* (pp. 83 - 99) (Nova Iorque: Free
Press).

Enns,W.J (2007). "Passando o Batton": Um Currículo de Mentoreamento para o Desenvolvimento
de Líderes Emergentes". Mestrado em Liderança, MRP, Universidade Cristã Pan-Africana.

Finlayson D. (2001) 25 Mard "West Jet": A pequena Companhia Aérea que poderia" Edmonton.

Finzel (1994) "The Top - Down Attitude": The Number - one leadership Hang - up" In *The Top Ten Mistakes
Leaders make* (pp. 22 - 35), Wheaton, 1 L: Victor Books.

Gangel, K,O, (1989). Em H. Camp, "So you want to be a leader", *Basic Principal and methods of Christian
Leadership* P.A. Christian Publication.

Jardineiro J.W (1990), *On leadership* New York: Imprensa Livre.

Graham J.W (1991). "Servant leadership in organisation inspiration and moral" (Liderança servant na
inspiração e moral da organização)
Leadership Quarterly (Volume 2 (2) 105 - 119.

Gina,H.B e Nilsen D. (1998). "Liderança e Empoderamento". Liderança em
Acção. Vol. 18 (5). 15-16.

Greenlief R.K (1991). O Servo como Líder.Indianapolis. EUA.
Robert K Greenlief Center.

Greenleaf R. K (1995) "Servant Leadership" In J.T Wren (Eds), *The leaders*

Companheiro: Percepções sobre Liderança através dos tempos. (18 - 23).

Nova Iorque. Imprensa livre.

Hansel T. (1987) "What is a servant Leader? ... Qual é a fonte de energia" Em *Holy*

   Suor (159 - 190) Dallas TX: Publicação de palavras.

Hughes, R.L, Ginet. R.C e Cureby G.R (1995)

   "What is Leadership" In Wren (ED), *The Leadership Companion; Insights on Leadership through the*

   Ages (PP. 39- 63) (New York, Free Press).

Hybels, B Abril, (1998) "Leadership styles: what style are you?" Beacon. (18 -19)

Hybels B. (2004). *Liderança Estratégica.* Nairobi Quénia: Editora Evangel

Jones, L.B (1996). *O Caminho: Criar a sua declaração de missão para o trabalho e para a vida,*

   (Nova Iorque: Hyperion).

Kamoche K (2008). "O Quénia está a enfrentar uma pobreza de liderança". *Nação diária*

   (Nairobi), 13 de Abril, 34.

Kevin e Freiberg (1996) "Líderes que lideram os líderes". Em Nut! Southwest Airlines".

   Crazy Recipe for Business and Personal Success, (New York. Broadway).

 Kirkpatrick A.S. e Locks A.E. *(1995)"Leadership:* DO Traits Matter?"

   Em Pierce e Newstrom W.J. (Eds.). *Leadership and the Leadership Process,* Boston, MA, Irwin.

Kouzes,J.M ePosner, B.Z (1993). "Leadership is a Relationship" em *Credibility:*

   Como os Líderes Ganham e Perdem, Porque as Pessoas o Exigem. São Francisco, CA.

Lussier R.N. e Achua F., C.(2007). *Liderança Eficaz.* Mason,Ohio, E.U.A.

   Thomson.

MacGee, A. e Trammell, D.(1998). *1998 Leadership Development One:Acourse*

   Em Habilidades de Supervisão e Liderança. Dallas, TX © TD Industries.

Maio A. (2003). *Courteous Rebel: O Modelo de Liderança de Jesus,* EUA: Classe Mundial

   Decorum.

Maxwell C. J (1993). " A definição de liderança:

   Influence" em K. Milton, *Developing the leader within* you (PP. 15 - 32).

CTB: Publicação de palavras.

Igreja Metodista no Quénia (1996). *Ordem Permanente e Livro da Agenda.* Nairobi,

   Quénia. Uzima.

Mensah O., G.(1990). *Procura-se:Servant- Líderes.* Achimota, Gana. ACP.

McShane,S.L. e Von Glinow,M. A.(2000). *Comportamento Organizacional: realidades emergentes*

   para a revolução do local de trabalho. Nova Iorque: Mc Graw-Hill.

Mugenda, M e Mugenda A. (1999). *Métodos de Investigação: Quantitativos&*

   Abordagens Qualitativas. Nairobi, Quénia. Actos Imprensa.

Nanus,B.(1992). "Visão: The Key to Leadership" em *Visionary Leadership: Criar um sentido de direcção convincente para a sua organização.* (pp.3-14,23-32) São Francisco,CA. Jossey-Bass.

Ngara E.(2004). *Liderança Cristã: Um desafio para a Igreja Africana.* Nairobi, Quénia. Paulinas.

Nthamburi Z.J (1982*). A History of Methodist Church in Kenya.* Nairobi, Quénia.

    Uzima

Nthamburi Z.J (1995). *Da Missão à Igreja: Um Manual do Cristianismo na* África *Oriental.* Nairobi,

    Quénia. Uzima.

Ndungu,N (1999). "Civic Education for Democracy in Kenya", em Magesa L. e Nthamburi(eds.) *Democracy*

    and Reconciliation: Um desafio para o cristianismo *africano.* Nairobi, Quénia. Acton Publishers.

Okwena, M. E. (2008). "Kibaki, nome do gabinete, a nossa paciência está a esgotar-se". The Standard,

    (Nairobi), 3 de Abril, 8.

Pollard, W. C (1996). "The Leader Who Serves" em Hesseinbein F.(eds.) *The leader of the Future: Novas*

    Visões, Estratégias e Práticas para a Próxima Era. São São Francisco, CA. Jossey-Bass.

Sanders J.O (1967) *Spiritual Leadership* Chicago: Humores,

Sendjaya, S. (2005) "Leading with the Heart": Líderes Servidores colocam as necessidades, aspirações e

    interesses de outras pessoas acima das suas". *Monash Business Review.* Universidade de

    Monash1.2(Dez2005).Obtido a 10 de Novembro de 2007 de Gale. Pan Africa Christian College Web

    site: htt:// www.find. Galegroup.com/itx/infomark.do?

Stanley P.D. e Clinton R.J.(1992). *Ligação: As Relações de Mentoreamento necessárias para o Sucesso na*

    Vida. Wheaton,IL, EUA. Navpress.

Stogdill, R.M.(1995). Personal Factors Associated with leadership" In J.l Piecer and J.W Newstrom (Eds)

    Leadership and the Leadership Process, (PP. 39 - 42) Boston, MA: Irwin.

Stott, R.J. (1985, 9 de Agosto) "What makes leadership Christian". O Cristianismo Hoje, 24 - 27.

Turner B.W(2000). "Twelve Qualities for Successful Leadership" (Doze Qualidades para uma Liderança de

Sucesso) e "First Be

    Um Servo" em A Aprendizagem do Amor: Uma viagem em direcção à liderança servidora (pp.83-86

    e pp. 147-168) Macon,GA:© Smyth& Helwys.

Trinity Western University.2000. "Servant-Leadership as a Way of Life".

Zohar, D. (1997). "Servant Leaders": O que é que eles realmente servem"? Em "*Rewiring the Co-Operate*

    Brain": Usando a Nova Ciência para Repensar Como Estruturamos e Lideramos a Organização

    (PP. 45 - 153) San Fransisco , CA: Berett Koehler.

Willingham, R (1997) "If You Don't "Understand me, How Can you lead me *? No*

    pessoas Princípio: A Revolutionary Redefinition of Leadership (137 - 153) New York St. Martins

    Griffin.

Wright C. W.(2004). *Mentoreamento: A Promessa de Liderança Relacional.*

    REINO UNIDO. Paternoster.

Zohar, D.(1997) 'Servant leaders: what do they do really serve". Em Rewiring the

Cooperate Brain: usando a Nova Ciência para Repensar Como estruturamos e lideramos a organização (pp.45-153) São Francisco, CA: Berett Koehler

APÊNDICE 1

Rev. Samuel O. Abade

P.O. Box 82926

Mombaça

12 de Novembro' de 2007

O Bispo Presidente

Igreja Metodista no Quénia

P.O.Box 47633

Nairobi

Caro Senhor,

RE: PROJECTO DE INVESTIGAÇÃO SOBRE O DESENVOLVIMENTO DE LIDERANÇA DE SERVIDORES EM

IGREJA METODISTA NO QUÉNIA

Saudações em nome de nosso Senhor e Salvador Jesus Cristo.

Peço a vossa permissão para conduzir um projecto de investigação sobre a liderança da Igreja Metodista no Quénia. O título do projecto é *"Re-orientando a Liderança: Um currículo para o Desenvolvimento da Liderança Servidora na Igreja Metodista no Quénia".*

O produto deste projecto não só satisfará o requisito para a atribuição do meu mestrado na Universidade PAC, como também poderá, mediante a vossa aprovação, ser utilizado nos programas de desenvolvimento de liderança da nossa igreja. Uma vez que a igreja sob a vossa liderança dá particular atenção ao desenvolvimento da liderança, tenho pensado melhor em tomar a iniciativa através deste projecto de desenvolver um currículo que seria utilizado a todos os níveis da nossa estrutura eclesiástica para ensinar a liderança serviçal. Aguardo com expectativa a vossa opinião sobre esta iniciativa.

Atenciosamente

Rev. Samuel O. Abade.

REV.SAMUEL ABADE

P.O BOX 829

MOMBASA - 80100

1 DE MARÇO de 2008

DEAR BRO. /SIS.

RE: INTRODUÇÃO E QUESTIONÁRIO.

Saudações em nome do nosso Senhor e Salvador Jesus Cristo.

Sou ministro da Igreja Metodista no Quénia, fazendo uma pesquisa sobre o desenvolvimento da liderança dentro da nossa Igreja. O resultado desta sondagem será utilizado tanto para fins académicos como para fins práticos de ministério.

Por conseguinte, peço-lhe que prepare alguns minutos da sua agenda ocupada para responder cuidadosamente às perguntas do questionário em anexo, que o anexe no envelope com endereço postal fornecido e me envie de volta.

Por favor, não escreva o seu nome do Circuito no questionário. As informações que fornecer serão tratadas com grande confidencialidade. Agradecia muito que as enviassem de volta o mais cedo possível ou o mais tardar até 26 de Março de 2008. Obrigado e que Deus o abençoe!

Atenciosamente

REV. Samuel Ochieng Abade

Questionário

1. Como se sente sobre as seguintes declarações relativas à liderança MCK

   a nível da igreja local e dos circuitos? "Nos últimos três anos os líderes MCK foram adequadamente preparados antes de assumirem as suas funções de liderança a nível da igreja local e dos circuitos".

   Concordo plenamente

   Eu concordo ligeiramente

   Eu não concordo nem   discordar

   Eu ligeiramente   discordar

   I fortemente   discordar

(Assinalar a caixa apropriada)

3. Existe formação formal e regular de liderança a nível da sua igreja local e dos circuitos antes dos líderes tomarem posse?

   Sempre Sim

   Normalmente Sim

   Por vezes sim

   Nunca sim

(Assinalar a caixa apropriada)

3.   Com que frequência é realizada formação de liderança nas vossas igrejas locais e a nível de Circuito?

   Uma vez um ano

Duas vezes ano

Uma vez um mês

Uma vez um trimestre

Nenhum num ano

(Assinalar a caixa apropriada)

4. Na sua avaliação, quão eficazes são os seus líderes no desempenho das suas funções de liderança?

Altamente   effective

Muito   effective

Effective

Ineffective

Muito   ineffective

(Assinalar a caixa apropriada)

5.   O que pensa da seguinte declaração sobre os líderes MCK? "Os líderes da igreja local e dos circuitos MCK estão conscientes da visão e missão da igreja metodista no Quénia".

I fortemente concordar

Concordo

Eu não concordo nem

Não estou de acordo

I fortemente   disagree

(Assinalar a caixa apropriada)   53

6. Na sua opinião, acha que os líderes da sua igreja local e dos circuitos sabem como o seu

desempenho afecta os resultados da Igreja Metodista no Quénia como organização?

Tenho a certeza que eles saber

Tenho a certeza que eles saber

Não tenho a certeza se eles saber

Tenho a certeza que não sabem

Tenho a certeza que eles não sabem

(Assinalar a caixa apropriada)

7. Na sua opinião, os seus líderes locais e de circuito direccionam os seus esforços para a realização da visão
e missão do MCK.

Sempre Sim

Normalmente Sim

Por vezes sim

Raramente sim

Nunca sim
(Assinalar a caixa apropriada)

8. O que pensa da seguinte declaração? "A MCK precisa de desenvolver um currículo de desenvolvimento de

liderança de ligação para o líder da igreja".

    I fortemente   concordar

    Eu ligeiramente concordar

    Eu não concordo nem discordar

    Eu ligeiramente   discordar

    I fortemente   discordar

(Assinalar a caixa apropriada)

9. Como são seleccionados os líderes da sua igreja local e dos circuitos?

    Através de emergence

    Por marcação

    Através de eleição

    Através do hereditário

(Assinalar a caixa apropriada)

10.   Na sua opinião, acha que a selecção dos seus líderes a nível da Igreja local e do Circuito é influenciada por factores étnicos, de clã, sociais e económicos?

    Sempre   Sim

    Normalmente Sim

    Por vezes   Sim

Nunca   Sim

11. O que pensa da seguinte declaração? "O método utilizado para seleccionar líderes MCK a nível da igreja local e dos circuitos ajuda a obter líderes mais empenhados na visão e missão da igreja".

I fortemente   concordar

Eu ligeiramente   concordar

Eu não concordo nem   discordar

I di   sagree

I fortemente   discordar

(Assinalar a caixa apropriada)

12. Acha que os factores que influenciam a selecção do líder determinam a forma como se comprometem com a visão e missão da MCK?

Sempre   Sim

Normalmente   Sim

Por vezes   Sim

Nunca sim ☐

13. Qual dos seguintes estilos de liderança descreve melhor os seus líderes a nível da igreja local e dos circuitos?

Autocratic

Dictatorial

Democratic

Servidor leaders

Laissez-   faire

(Assinalar a caixa apropriada)

14.   Qual dos seguintes factores impulsiona o compromisso da sua igreja local e do líder do circuito com a liderança?

Position

Popularidade

Sucesso

Amor

Serviço

(Assinalar a caixa apropriada)

15.   Na sua opinião, os líderes da sua igreja local e dos circuitos demonstram as seguintes características: mordomia, visão, audição, humildade, capacitação, tomada de riscos, e auto-conhecimento.

Sempre sim

Normalmente   Sim

Por vezes   Sim

Nunca   Sim

(Assinalar a caixa apropriada)

16. Como se sente em relação à seguinte declaração? "A igreja local MCK e os líderes dos Circuitos

valorizam a política de manutenção, estabilidade, eficiência e controlo.

I fortemente   concordar

I   concordar

Eu não concordo nem discordo

Eu discordo

Discordo totalmente

17. Na sua opinião, acha que os líderes da igreja local e dos circuitos MCK precisam de formação de liderança que enfatize a eficácia, a inovação, o empoderamento e a transformação?

Penso fortemente   so

Penso que   so

Não creio que   so

Não penso muito em   so

(Assinalar a caixa apropriada)

18.   Os vossos líderes locais e de circuitos dão poder àqueles que lideram e desenvolvem líderes emergentes para assumirem papéis de liderança quando saem de posições de liderança?

Sempre sim!

Às vezes sim!

Raramente sim!

Nunca sim!

(Assinalar a caixa apropriada)

19. O que pensa da seguinte declaração? "A MCK precisa de um currículo de desenvolvimento de liderança que prepare os líderes servidores com visão, que assumam riscos, sirvam os seus seguidores, sejam humildes, fortaleçam os outros, tenham um profundo compromisso espiritual, fortaleçam, sejam bons ouvintes, sejam inovadores, amorosos e transformadores".

I fortemente   concordar

I   concordar

Eu não concordo nem discordo

Não estou de acordo

(Assinalar a caixa apropriada)

20. Na sua opinião, acha que *um estilo de liderança servo* que abrace as características listadas no n.º 19 acima melhoraria a qualidade da liderança MCK?

Penso fortemente   so

Penso que   so

Por vezes penso   so

(Assinalar a caixa apropriada)

yes
I want morebooks!

Buy your books fast and straightforward online - at one of world's fastest growing online book stores! Environmentally sound due to Print-on-Demand technologies.

Buy your books online at
www.morebooks.shop

Compre os seus livros mais rápido e diretamente na internet, em uma das livrarias on-line com o maior crescimento no mundo! Produção que protege o meio ambiente através das tecnologias de impressão sob demanda.

Compre os seus livros on-line em
www.morebooks.shop

Printed by Books on Demand GmbH, Norderstedt / Germany